口絵1

未婚女性は東京西南部に多い（62ページ参照）

未婚女性が未婚男性より20%以上70%未満多い町丁
（15歳以上。2015年）

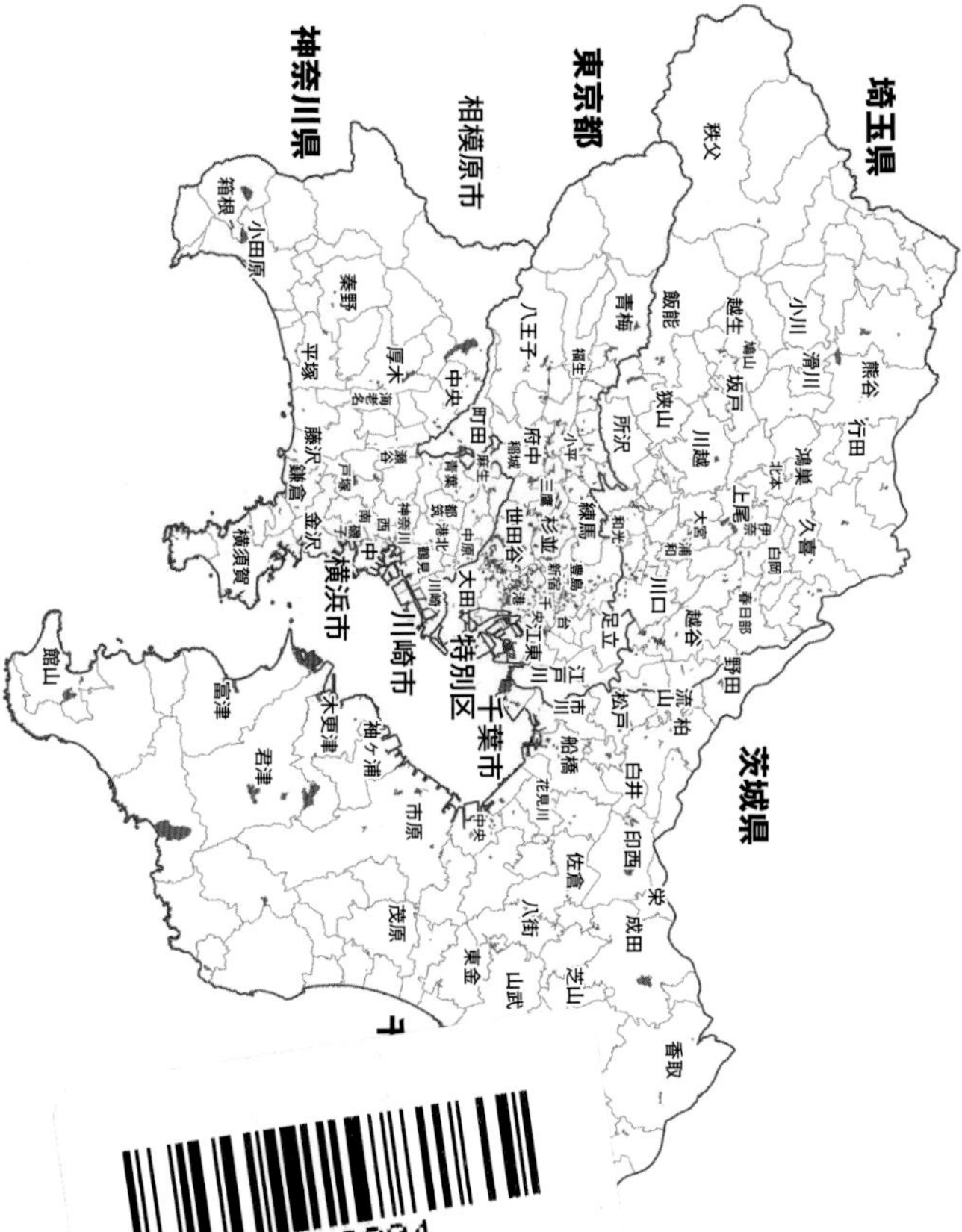

資料：総務省「国勢調査」

口絵2

埼玉、千葉で多い未婚男性（62ページ参照）

未婚女性が未婚男性より70％以下の町丁
（15歳以上。2015年）

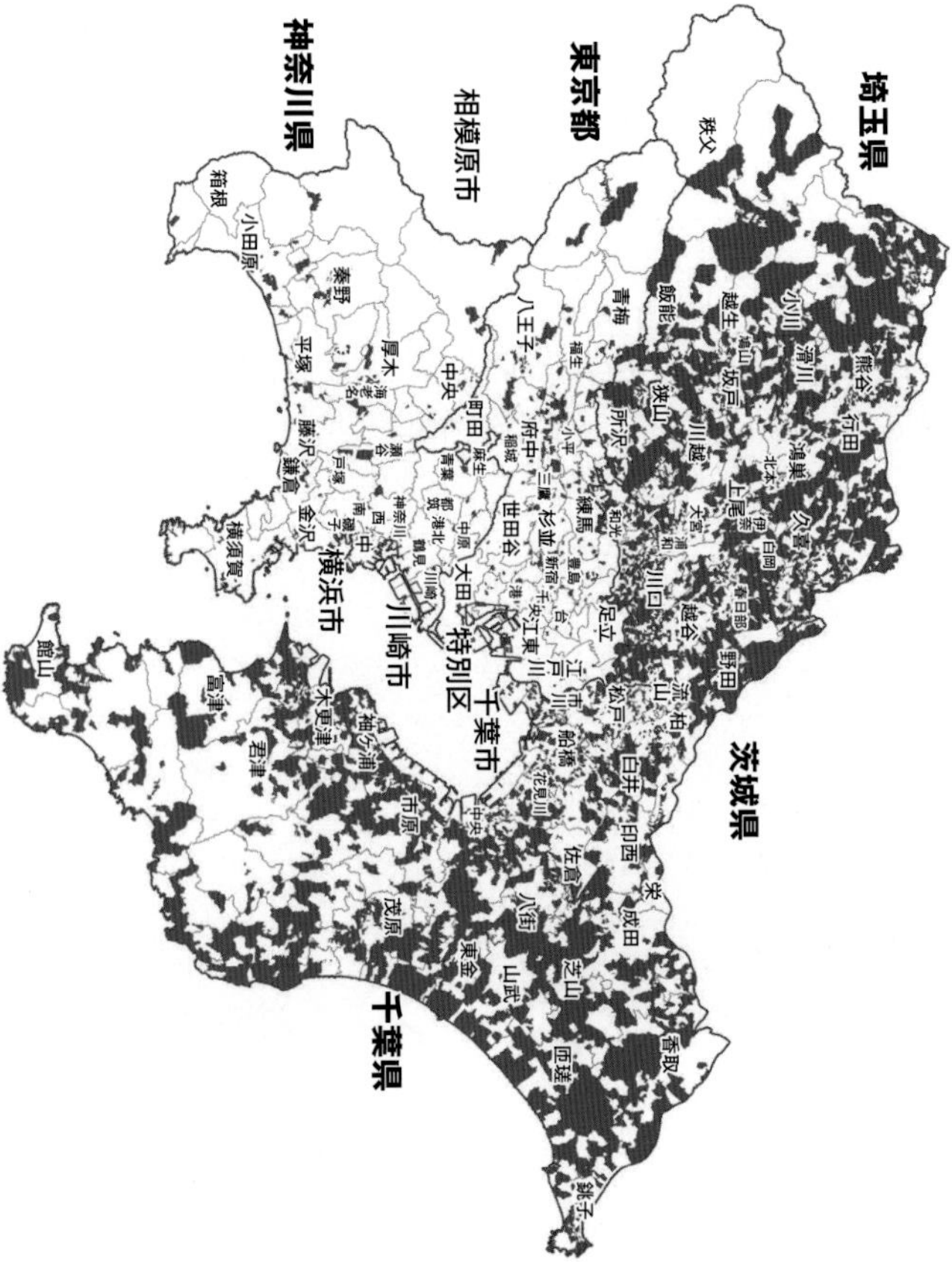

資料：総務省「国勢調査」

口絵3

23区の都心と隣接地で増えた働く女性

(66ページ参照)

女性就業率の高い地域
(15歳以上女性の45%以上。2015年)

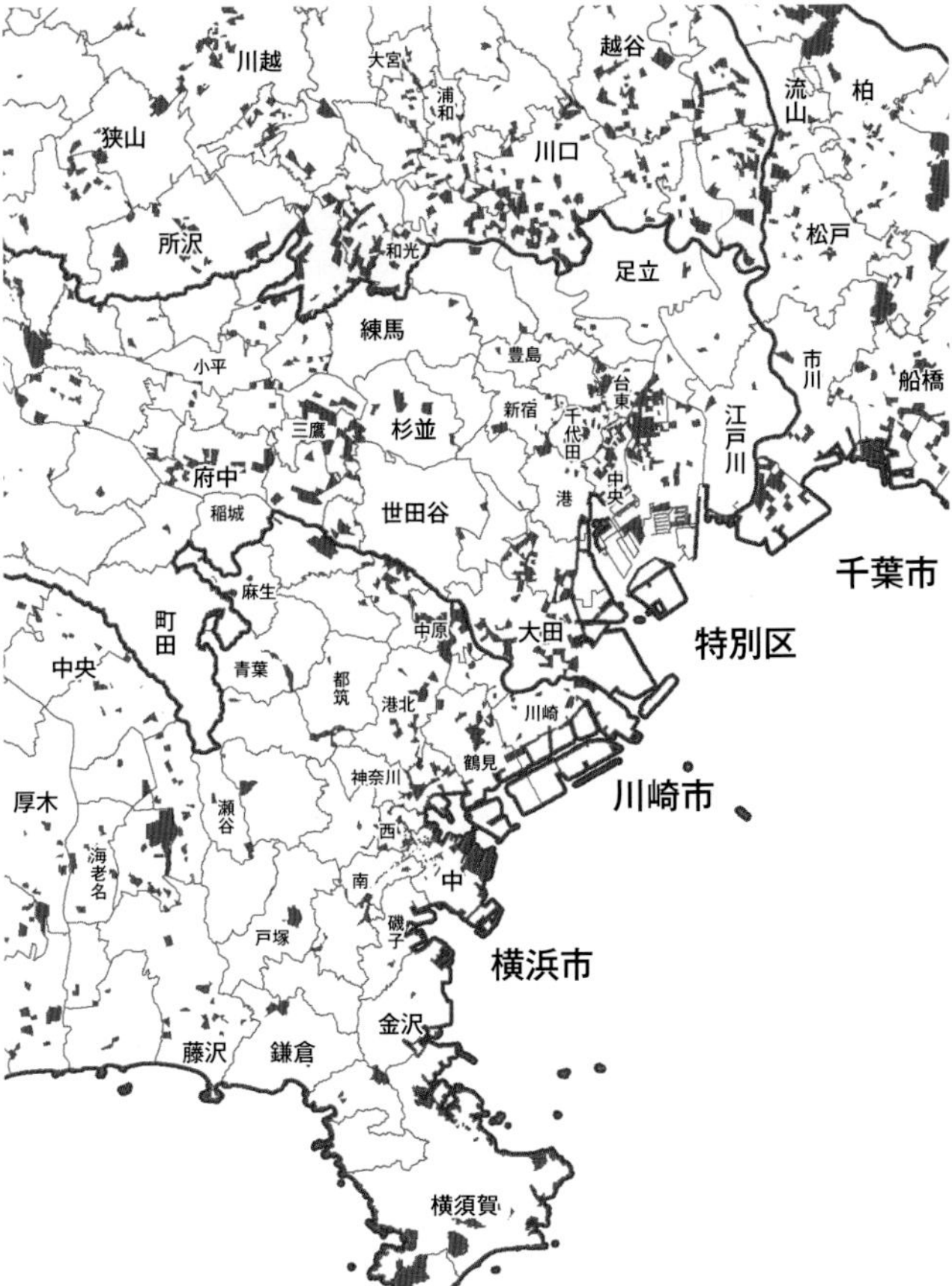

資料：総務省「国勢調査」

口絵4

専業主婦は第二〜第四山の手に住む
（74ページ参照）

女性就業率の低い地域（15歳以上女性の35%未満。2015年）

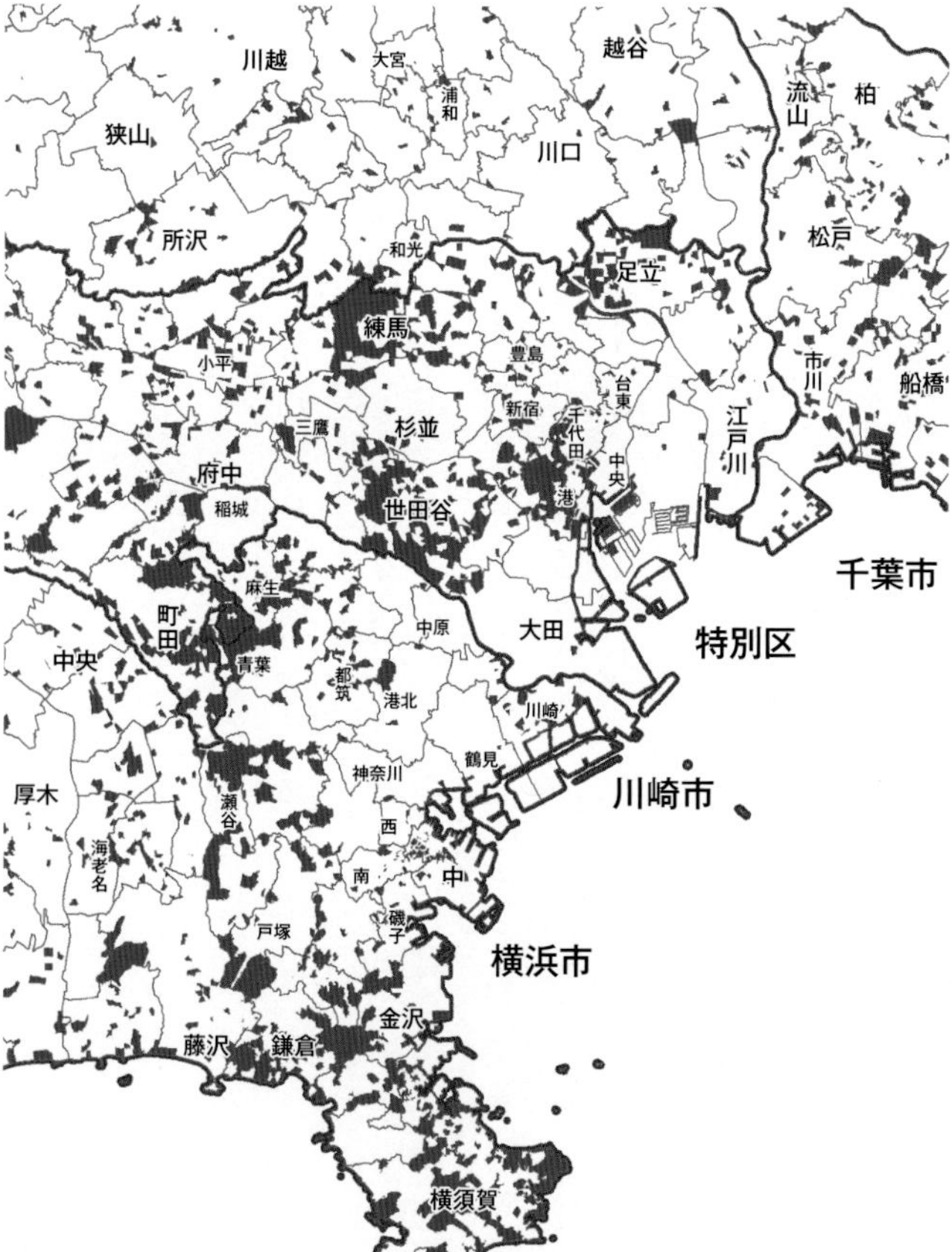

資料：総務省「国勢調査」

口絵5

東京西南部でも30～34歳女性は増加

（56ページ参照）

30～34歳コーホート女性の増加率（2014～19年）

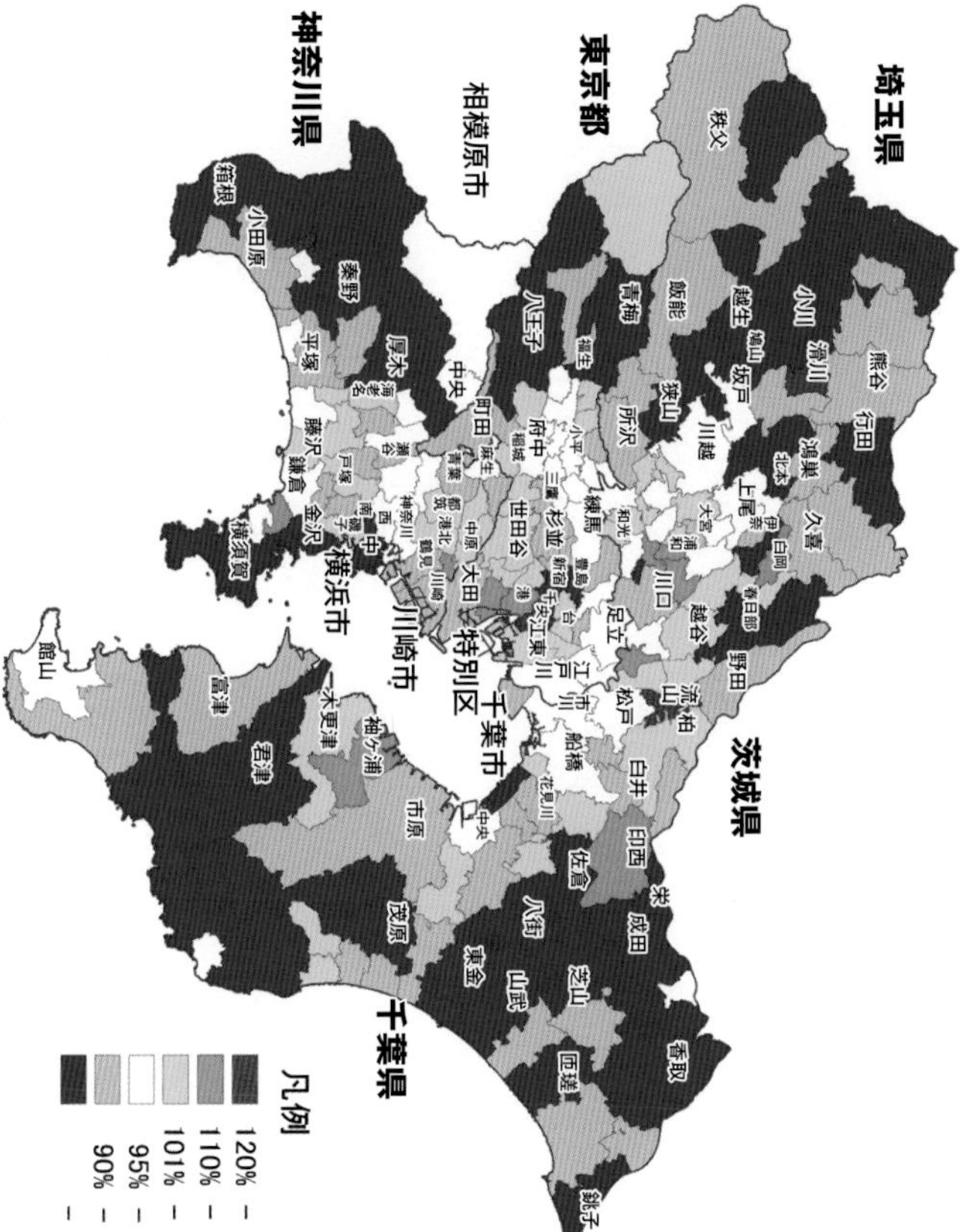

資料：総務省「住民基本台帳人口移動報告」

口絵6

「東京北側」で増加（57ページ参照）

35～39歳コーホート女性の増加率（2014～19年）

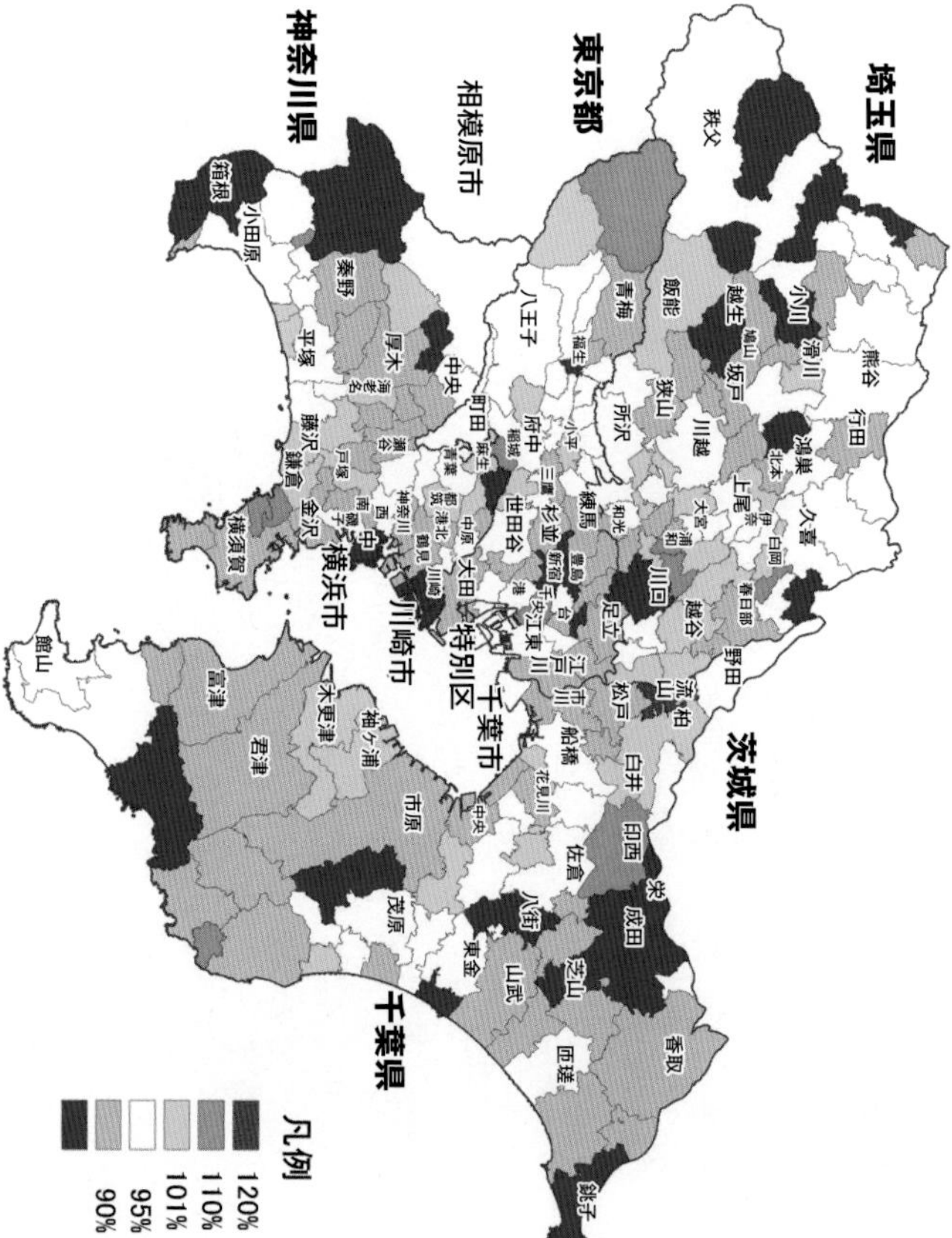

資料：総務省「住民基本台帳人口移動報告」

口絵7

京浜地域で子どもが減少（63ページ参照）

5～9歳コーホートの増加数（2014～19年）

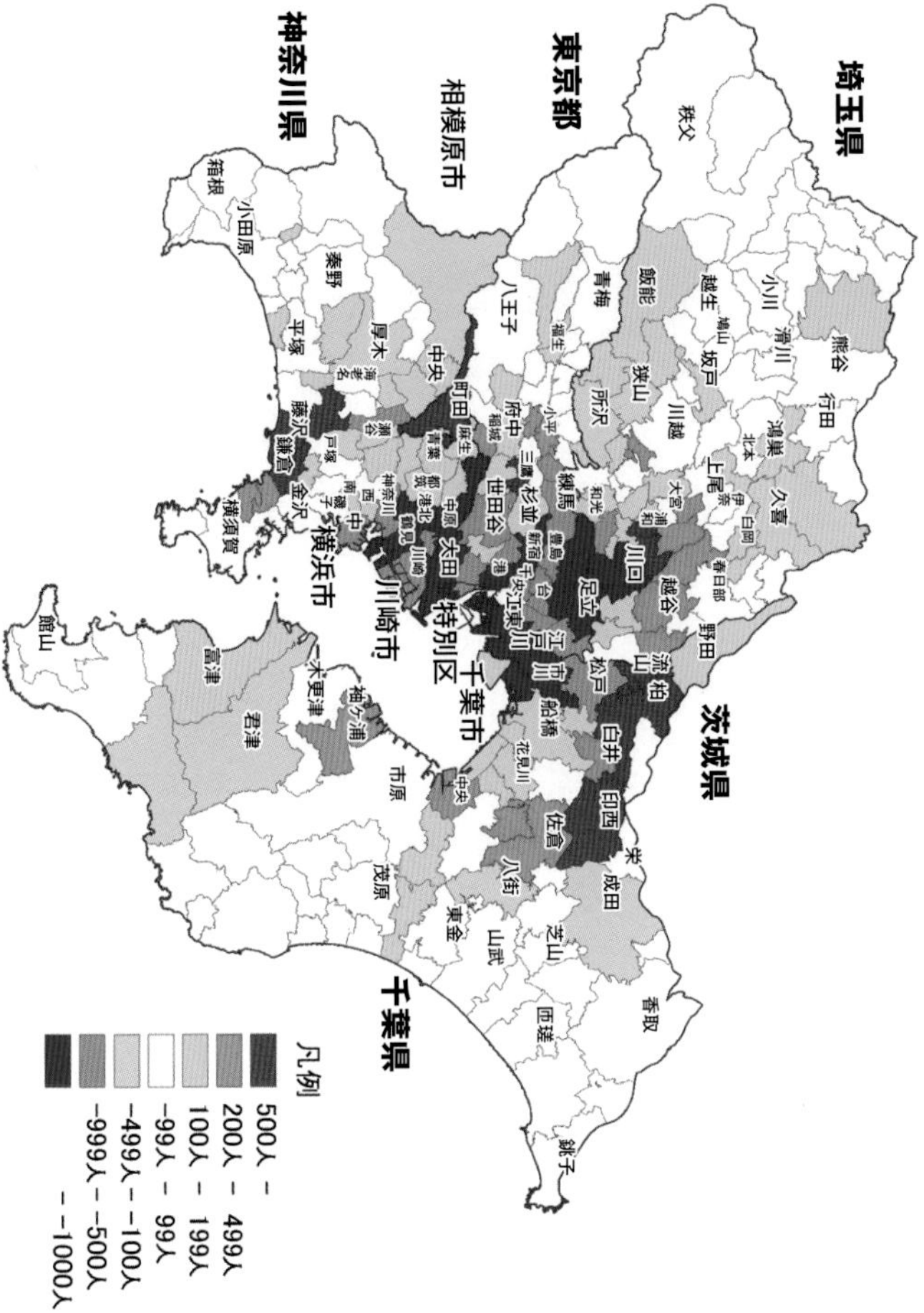

資料：総務省「住民基本台帳人口移動報告」

口絵8

クリエイティブ・サバーブが東京北側に広がる
（272ページ参照）

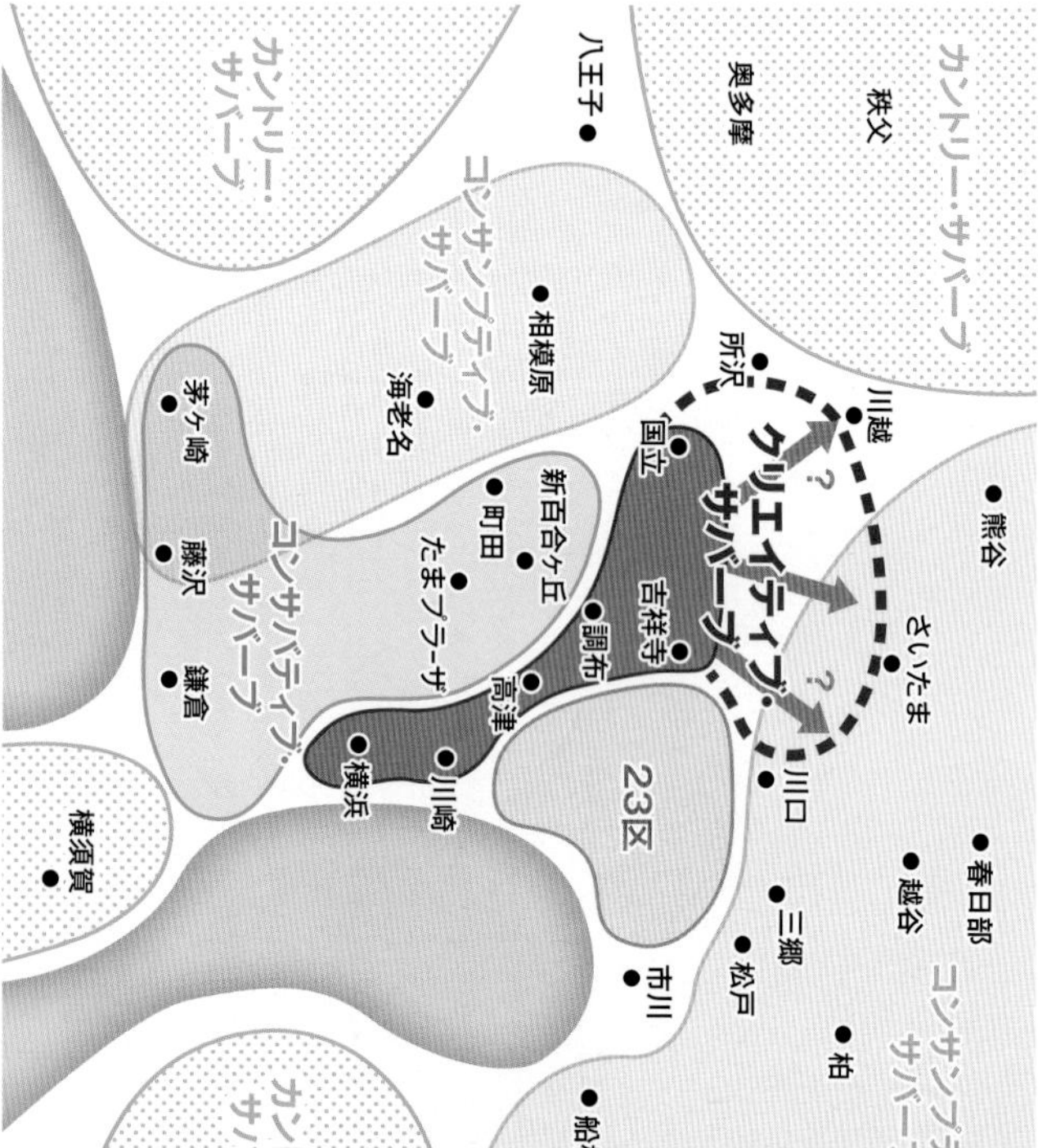

資料：カルチャースタディーズ研究所、2019

首都圏大予測

これから伸びるのはクリエイティブ・サバーブだ!

三浦展

光文社新書

人間は今も自分の中に、
踊る星を産み出すことのできる
混沌を抱えていねばならぬ。
ニーチェ

首都圏大予測
これから伸びるのはクリエイティブ・サバーブだ!

目次

序章　埼玉と「東京北側」の逆襲　17

第2章　23区から人口を奪えるのはどこか？　95

視点5 【ショッピングモール化する街】

第5章 「趣都圏」の誕生 〜消費と娯楽から見た郊外〜 213

結　クリエイティブ・サバーブの時代　253

まとめ　～あとがきに代えて～

視点2と7は（株）ライフル「ホームズプレス」初出の記事に加筆修正した。

口絵・統計地図作図　天目岳志

序章

埼玉と「東京北側」の逆襲

この章のポイント

① 23区に隣接した地域が成長する

② 23区内でも23区外でも「東京北側」が成長し、23区に近い地域の埼玉県が成長する

③ 横浜市の人気は一部を除いて全体としては横ばいあるいは落ち始める。神奈川県内の重心は、横浜市から川崎市、相模原市へと北上する

●金持ちのための都心再開発に対して郊外はどうする？

近年の都市再開発は金持ちによる金持ちのための開発である。郊外から都心へ比較的裕福な人たちを呼び込んでいるが、郊外には「中の中」以下、もしかすると「中の下」以下の階層の人だけが残る可能性がある（橋本健二『階級都市』参照）（注1）。

都心を再開発するのは東京の国際競争力を高め、ひいては日本の国際競争力をも高めるためだというが、日本の競争力はここのところ落ち続けている。本当に都心をビルだらけにすると競争力が高まるのであろうか？　一部のデベロッパーがもうけるだけではないのか？

たしかに、年収1000万円以上あっても都心から40キロ圏以遠の郊外にしか家が買えないほどだったバブル時代は異常であり、年収600万円くらいあれば23区内に新築住宅が買える今のほうがまともだとは言える。

だが、超高齢化するこれからの郊外において行政が安定的な税収を確保する上で、今の都心集中の流れは問題である。やはり、豊かな中流階級が郊外で普通に豊かな暮らしをして住めることも重要である。郊外は子育てに適したところもあり、また現在子どものいる団塊ジュニア世代以降はそもそも郊外生まれ、郊外育ちが多く、これから高齢化していく親のことを考えても郊外に住むという選択は大いにありうる。

もちろん、郊外住宅地のすべてで人口が回復することはありえない。郊外住宅地のうち3割の地域で若い世代の人口を今より増やすことができれば御の字であろうと私は思っている。ではどういう地域が若い人口を増やす可能性があるか、本書で考えたい。

注1：1980年代までの東京圏では、都心がオフィス街化して人口が減少し、都心部西側山の手の住民がさらに西側の郊外に移住し、新規に東京に流入した中流階級の住民も西側を中心とした郊外に家を買い、都心には若い単身者が未婚時代に住む、というパターンが主流だった。

これはアメリカ、イギリスといったアングロサクソンの国で見られるパターンであり、フランスなどのラテン系諸国では、都心を再開発した後もそこに富裕層が残り、郊外に労働者階級が追い出される形で移住していくパターンが主流であると言われる。日本では大阪も名古屋もアングロサクソン型であろう。特に大阪は、富裕層は芦屋などの阪神間に住むのが普通だから東京よりさらにアングロサクソン型かもしれない。

ただし東京の場合、東側の下町については、近代化の過程で、都心から労働者階級や貧困層や歓楽街を外側に（つまり中央区から台東区、荒川区、足立区などへ、というように）追い出し続けた歴史があり、いちがいにアングロサクソン型とは言えない面がある。千葉県などの新興の郊外住宅地に都心勤務の中流階級が多く住んだことを考えると、アングロサクソン型とラテン型の中間だったかもしれない。

●23区では若い未婚者が減り、40代の既婚者が増えた

東京23区は、おおむね2000年以降、タワーマンションなどの住宅の大量供給により、主として20～40代の若い世代を周辺3県などから奪ってきた。世田谷区にいたっては近年の人口増加により、2032年には人口が103万人になると区が独自の推計をしている。

特に、女性が23区内に増えているのが近年の特徴である。2000年から15年にかけての配偶関係別の人口を比べると、未婚人口は16万人近く減少しているが、有配偶人口は48万人以上増加している（図表0－1）。未婚人口の多くが20代であり、20代そのものが減ったために未婚人口も減ったのである。

他方、人口の多い団塊ジュニアを中心に40代の人口が増え、かつその中には未婚のままの人もいれば有配偶者もいるため、両方の人口が増加した。従来であれば、結婚して子どもが

団塊ジュニアの未婚も既婚も増えた

図表0-1　東京23区の男女配偶関係別人口の増減
(2000年から2015年)

男女	合計	未婚	有配偶	死別	離別
総数	**1,143,337**	−156,736	**485,181**	**48,487**	**88,077**
15～19歳	−73,366	−85,007	−1,576	**19**	−43
20～24	−237,759	−297,626	−22,508	−86	−1,145
25～29	−255,047	−279,916	−102,098	−354	−6,347
30～34	−50,814	−92,664	−69,774	−757	−10,627
35～39	**161,361**	**59,371**	**44,371**	−1,172	−8,444
40～44	**422,894**	**150,723**	**197,700**	−1,351	**7,941**
45～49	**274,772**	**113,554**	**106,866**	−4,039	**8,687**
50～54	−64,539	**48,758**	−119,373	−12,031	−5,731
55～59	−117,026	**36,595**	−139,996	−22,161	−2,715
60～64	−12,199	**48,671**	−59,518	−29,330	**12,731**
65～69	**199,650**	**58,059**	**110,608**	−23,031	**33,562**
70～74	**209,051**	**29,880**	**146,340**	−9,868	**25,579**
75～79	**234,627**	**20,210**	**173,555**	**8,903**	**16,671**
80～84	**232,513**	**17,379**	**143,903**	**45,748**	**10,512**
85歳以上	**404,314**	**19,459**	**121,234**	**218,460**	**11,110**

資料：総務省「国勢調査」よりカルチャースタディーズ研究所作成

できると東京から郊外に流出したのだが、都心部のタワーマンション建設などにより団塊ジュニアの多くが結婚後も東京に住み続けたために、23区の出生率は都心部ほど上昇したのである（図表0-2）。この若い子育て世代を取り戻さないと、郊外は衰退するのみだ。

●ワーカブルと夜の娯楽

私はこの3年ほど、郊外での若い世代の人口増加のためには、「ワーカブル（働きやすい）」「夜の娯楽」「シェア」が必要であると主張してきた。若い世代が都心にはまった理由が通勤のしやすさなどの働きやすさと、アフターファイブの多様な娯楽にあることは間違いないからである。郊外でも、都心ほどではないにしても「ワーカブル」で「夜の娯楽」のある地域づくりをしている街は多い。

そこで本書では特に、この「ワーカブル」「夜の娯楽」という2つの視点を踏まえつつ、郊外の最新状況についてレポートする（郊外における「シェア」の動きについては拙著『東京郊外の生存競争が始まった！』『日本の地価が3分の1になる！』『日本人はこれから何を買うのか？』『１００万円で家を買い、週3日働く』で随時紹介してきた）。

都心の出生率が上昇し続けた

図表0-2　東京都の主要な区の合計特殊出生率の推移

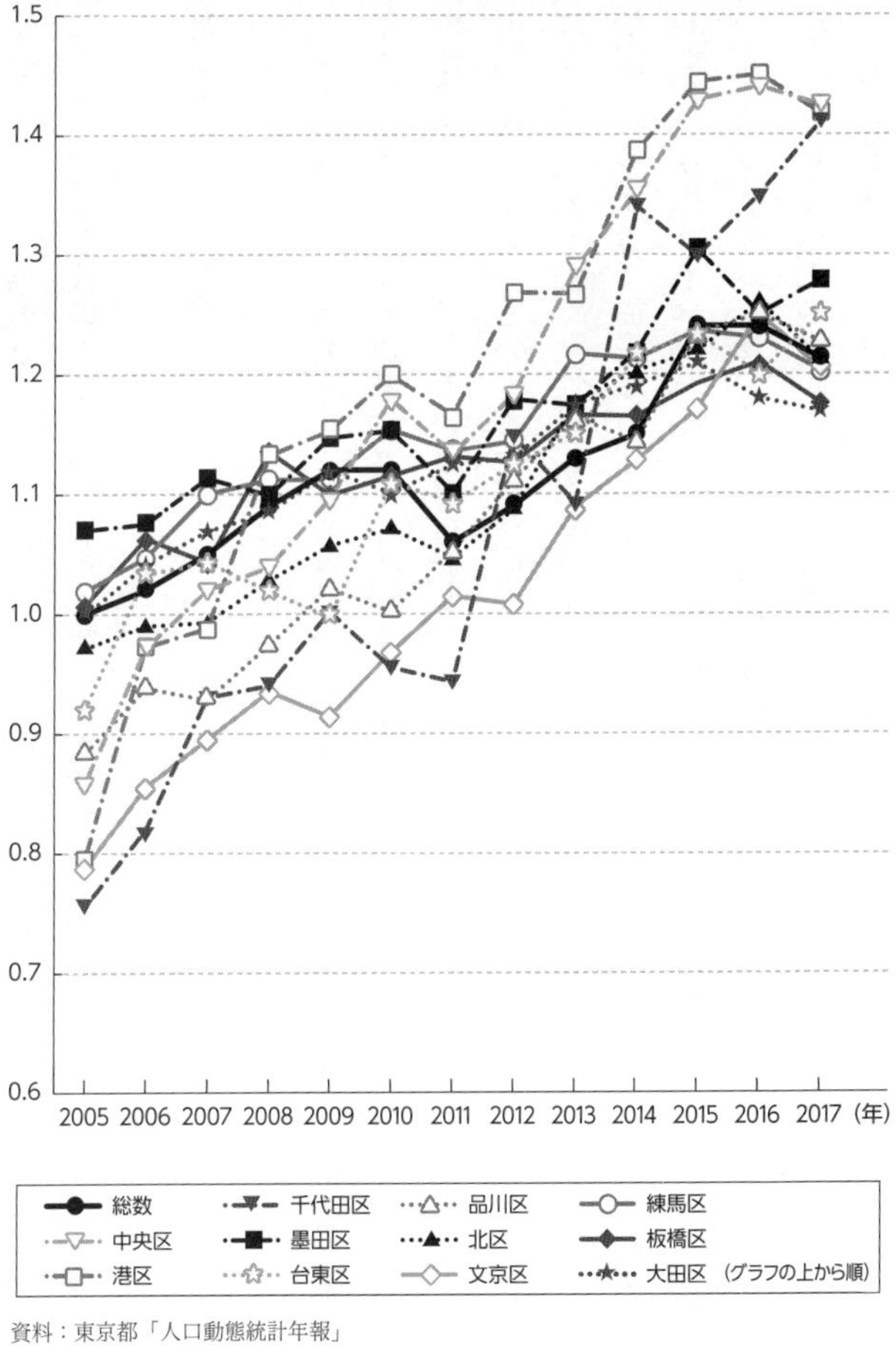

資料：東京都「人口動態統計年報」

特に重要なのは子育て期の女性が郊外に住みながら働き続けられるか（ワーカブルか）である。そのため本書では女性の未婚既婚、雇用形態などを重視して分析を行う。

●夜の娯楽の主役はママである

女性が「ワーカブル」であるということは、「夜の娯楽」の新しい主役もまた女性であるということだ。あえて「夜の娯楽」という誤解されやすい言葉を使っているのは、この言葉がまさに男性のイメージを持っているからであるが、いや、これからの時代に夜の娯楽を必要とするのは女性ですよ、ということが言いたいのである。

たとえば都心や郊外で働く女性が仕事を終える。保育園に預けている子どもを迎えに行き、帰りに少し買い物をする。従来なら即座に帰宅するが、現代のママはカフェで一休みする。グラスビールかグラスワインの一杯くらい飲んで気付け薬にするだろう。

その後帰宅し、食事をつくり、子どもに食べさせながら自分も食べる。8時くらいになると夫が帰宅する。昔なら夫のための料理をつくるところだが、現代の女性はそんなことはしない。夫に子どもを預けて、自分は再び飲み屋に行き、2杯目、3杯目の酒を飲み、焼き鳥を食べるのである。

実際、2年ほど前、多摩ニュータウンで仕事をした後、友人と夜スナックに行くと、40代の女性客が3人いた。聞くとママ友同士だという。所沢のワインバーでも同様の経験をした。子育ての合間にママ友同士がお酒を飲みに行くのは普通らしいのである。

このように、今や夜の娯楽は男性だけのためにあるのではない。女性のための夜の娯楽がなければ、これからの郊外は発展しないのだ（都心の繁華街の酒場でも、すでに若い女性が若い男性よりも多いくらいであることは周知の事実である）。

女性にとって郊外がワーカブルでかつ夜の娯楽もあれば、定年後も何がしかの仕事をして年金の足しにする（あるいはもっと稼ぐ）高齢者にとっても、また現役の男性、特に子育てを女性とシェアする男性にとっても郊外はワーカブルで楽しいものになるだろう。夜の娯楽が現役世代の男性だけのためでなく、女性も高齢者も楽しめるものになれば、商店街も飲み屋街も街全体が今よりずっと活性化するだろう。

東京郊外の人口はまだ増えている

図表0-3　首都圏３県の転入超過人口推移（日本人）

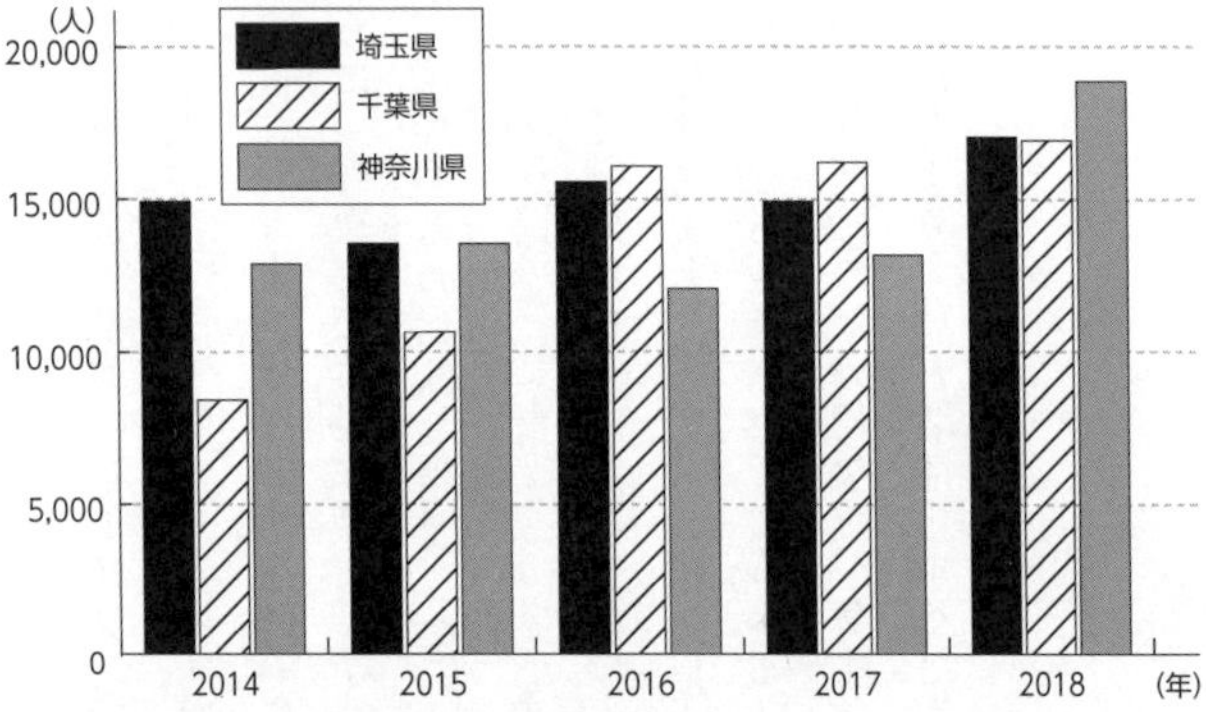

資料：総務省「住民基本台帳人口移動報告」よりカルチャースタディーズ研究所作成

●埼玉が東京から人口を奪う

では今、郊外のどこが人口を増やしているのか？　東京圏3県の転入転出状況を見ると、近年3県は転入超過になっている。首都圏以外からの転入もあるが、都内から団塊ジュニアが戻ってきたことと、外国人の増加が大きい（図表0-3、0-5）。

年齢別に見ると、埼玉県は30～49歳の転入超過人口が近年ほぼ4000人台であり、他県と比べて多い。0～4歳の転入超過人口も2000人前後であり、千葉県と同じ程度に多い（図表0-4）。

対して神奈川県は0～4歳の転入超過人口

埼玉県は30〜40代も子どもも転入

図表0-4　１都３県の年齢別転入超過人口　日本人

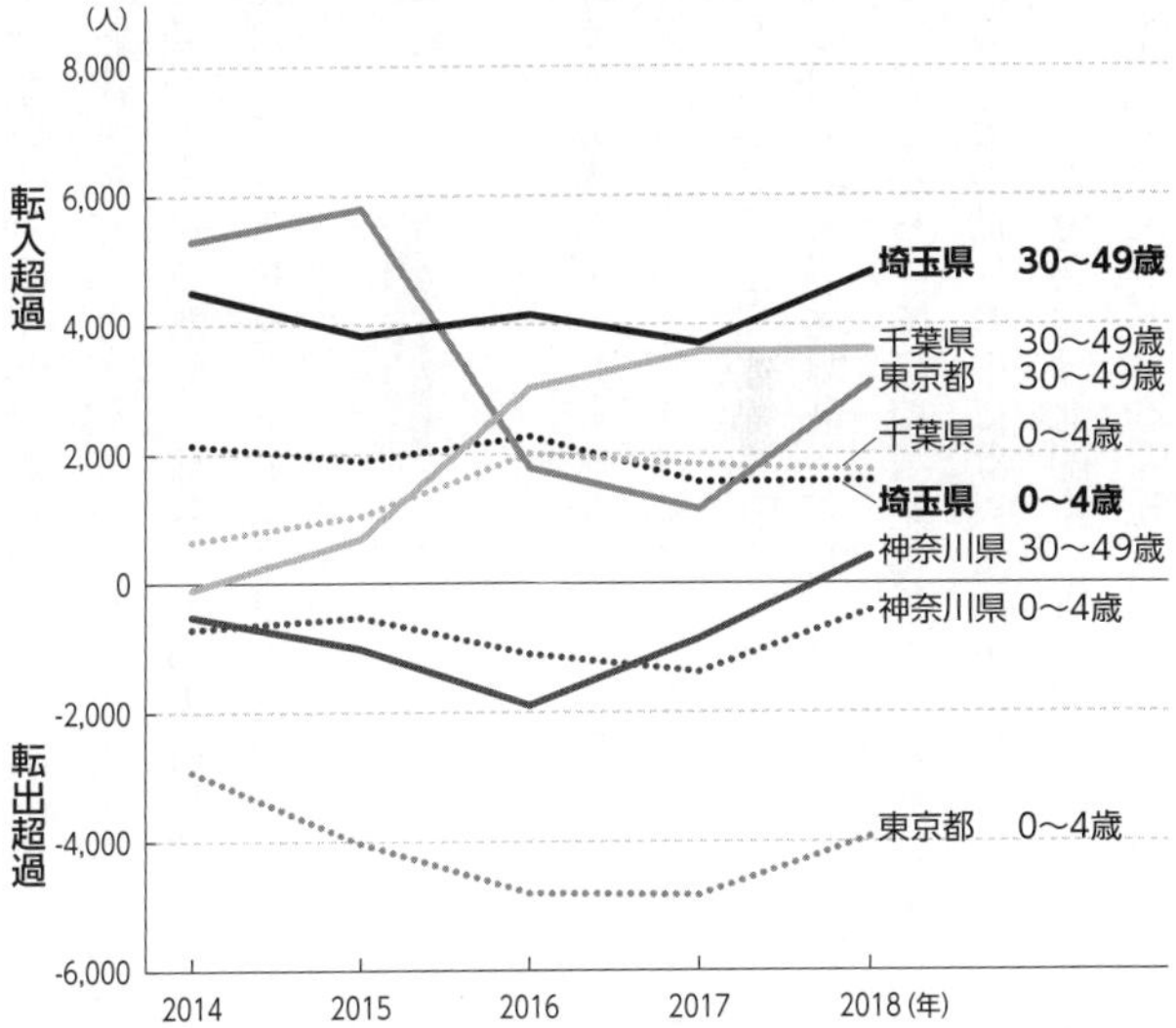

資料：総務省「住民基本台帳人口移動報告」よりカルチャースタディーズ研究所作成

はマイナス、つまり転出超過であり、30〜49歳も転出超過傾向が強い。

また外国人について、埼玉県は近年８０００人近い転入超過人口がある（図表０-５）。

特に埼玉県は、東京都に対して転入超過が多い。２０１８年の１都３県間の人口移動を見ると、埼玉県から東京都への転出が６万６１０８人だったのに対して東京都から埼玉県への転入は７万２１８６人であり、５千人以上埼玉県が転入超過である。

対して千葉県や神奈川県は東京都に対して転出超過である。千葉県は埼玉県、神奈川県に対しても転出超過であり、郊外間での人口集積競争に敗れている。神奈川県は埼玉県、千葉県に対して転入超過であり、郊外間での人口集積競争に勝利している。だが何と言っても、東京都に対して転入超過である埼玉県は注目に値する（図表0-6）。

●移住者に対して寛容な埼玉

埼玉県が東京都に対して転入超過である理由は、大きく2つあると思われる。1つ目は、外国人が3500人ほど転入超過であるためだ。後ほど**図表1-10、1-11**でも見ていくが、外国人の居住地は都心部から北側に広がってきているのである。

埼玉県は明治以来、北関東、東北、北陸などからの転入者が多い。現在の40代以下の世代は、子どもの頃からすでに埼玉県に住んでいる人が多いものの、親や祖父は地方の出身が多いのである。その世代の中には東京の下町や埼玉県川口市などの工場地帯などで働いた人々が多く、それらの労働力は北関東、東北、北陸などから集められたからである。そのため埼玉県は、外部から入ってくる労働者がたとえ外国人であっても、彼らに対して寛容なのでは

埼玉県は外国人転入が多い

図表0-5　1都3県の外国人転入超過人口推移

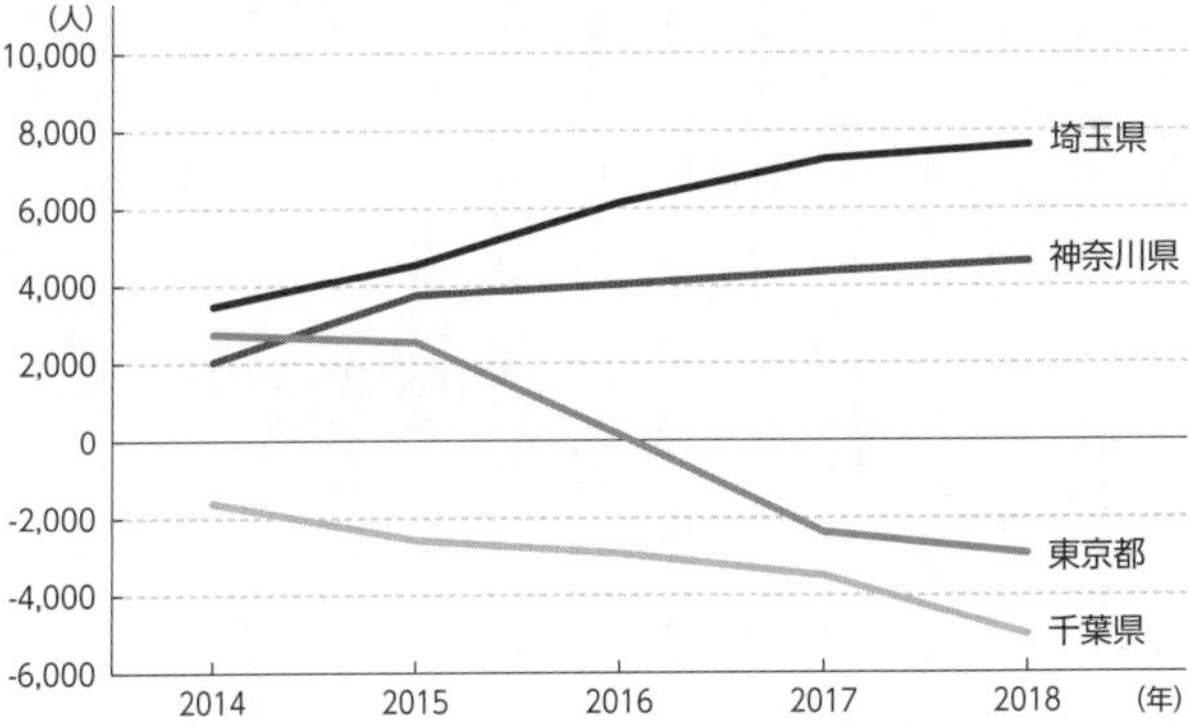

資料：総務省「住民基本台帳人口移動報告」よりカルチャースタディーズ研究所作成

首都圏内でも埼玉は勝ち組

図表0-6　1都3県間の転入人口（2018年）

		埼玉県へ	千葉県へ	東京都へ	神奈川県へ
全体	埼玉県から	—	15,918	66,108	16,291
	千葉県から	16,658	—	54,260	17,184
	東京都から	72,186	53,191	—	83,779
	神奈川県から	15,969	16,276	87,979	—
		埼玉県へ	千葉県へ	東京都へ	神奈川県へ
日本人	埼玉県から	—	13,997	58,139	14,572
	千葉県から	13,365	—	47,638	15,028
	東京都から	60,640	45,987	—	75,209
	神奈川県から	14,330	15,064	80,579	—
		埼玉県へ	千葉県へ	東京都へ	神奈川県へ
外国人	埼玉県から	—	1,921	7,969	1,719
	千葉県から	3,293	—	6,622	2,156
	東京都から	11,546	7,204	—	8,570
	神奈川県から	1,639	1,212	7,400	—

資料：総務省「住民基本台帳人口移動報告」よりカルチャースタディーズ研究所作成

ないかと私は考える。

そもそも埼玉県は、岩槻《いわつき》の人形、越谷や春日部などの羽子板、草加のせんべいなど、江戸時代から東京の下町で売られるものを生産する地域として東京との経済的、人的つながりが深かった。これも、東京の東部、北部の下町から人が流入してくることに対する寛容度の高さにつながるのではないかと思われる。

対して、東京23区西南部から横浜などの、明治政府以来の支配階層が多く住んできた地域では、どうしても欧米志向が強い。実際のところ欧米人は港区、目黒区、渋谷区などの23区西南部に多く住むが、アジア系の人々はあまり多く住まない（図表1-9）。それらの地域に住む人々は、自分の家のまわりに欧米人が住むのはかっこいいと思っているが、アジア系などの非欧米人が住むことには（非欧米でもエリートなら別だろうが）正直抵抗が強い。だから近年増加し、今後も増加する外国人労働者層は23区の北側に集中する。

インド人エリートが江戸川区の西葛西に多く住むということはあるが、これは先に住んでいたあるインド人が、増大するインド人のために街をつくっていったという経緯ゆえのことだ（拙著『都心集中の真実』）。自然に任せると、アジア系の人々は、大久保、上野というもともとアジア系の人々が多い地域から北に向かって広がっていくはずである。

なお、試しに今回の回答者の出身地を居住地中分類別で集計してみたが、やはり埼玉県居住者には北関東以北信越（北海道除く）出身が多かった。中央線など三多摩も北の出身が多い。対して横浜市、川崎市、鎌倉、湘南などでは東海地方以西（沖縄除く）出身が多い（三多摩の西武線沿線でも東海以西出身が多かったが、この理由はわからない）（図表0‐7）。

●埼玉に戻ってきた真性団塊ジュニア

埼玉県が東京都に対して転入超過である2つ目の理由は、真性団塊ジュニアが埼玉に戻ってきているからではないかと思われる。

本書では、真性団塊ジュニアとは1975～79年生まれ、対してニセ団塊ジュニア世代は、いわゆる第2次ベビーブームにほぼ相当する1970～74年生まれであると定義しておく（真性団塊ジュニアやニセ団塊ジュニア世代の細かな定義については、拙著『下流社会』を参照してほしい）。

ざっくり言うと、同じ東京郊外でも、1960年代前半にはまず三多摩で住宅地が開発され始め、60年代後半には神奈川県で開発され始め、70年代に入ると千葉県、埼玉県で開発され始めた。

首都圏の北部は北関東以北の出身者が多い

図表0-7　居住地中分類別出身地（北関東以北信越〈北海道除く〉の出身者比率が多い順）

分類名	東京都(%)	埼玉県(%)	千葉県(%)	神奈川県(%)	北関東以北信越(北海道除く)(%)	東海関西以西(沖縄除く)(%)
茨城南部	4.0	2.0	8.0	0.0	80.0	6.0
府中・調布	62.5	2.1	0.0	6.3	21.0	8.4
三多摩中央線	65.2	0.0	2.2	2.2	19.6	8.8
さいたま市	5.9	68.2	1.2	1.2	18.9	4.8
柏	14.3	2.0	57.1	2.0	16.1	8.0
川口	5.2	70.7	1.7	1.7	15.3	5.1
横浜都心部・臨海部	8.8	2.5	1.3	60.0	14.0	12.7
川崎市	6.8	2.7	1.4	58.1	13.8	16.4
川越	2.4	81.0	2.4	2.4	12.0	0.0
松戸	11.1	0.0	62.2	2.2	11.0	11.0
23区	64.8	2.9	2.7	2.5	9.7	15.6
藤沢・平塚・茅ヶ崎	3.7	0.0	0.0	75.9	9.5	9.5
町田・多摩・稲城	67.4	2.3	0.0	2.3	9.2	11.5
東上線	16.3	58.1	4.7	2.3	9.2	9.2
田園都市線・港北NT	10.0	1.3	1.3	70.0	9.0	9.1
千葉市	5.9	1.5	70.6	4.4	8.8	5.9
船橋・習志野	10.1	4.3	63.8	2.9	8.6	8.5
相模原市	14.0	0.0	0.0	70.0	8.0	8.0
越谷	8.6	77.6	0.0	1.7	6.8	5.1
房総	6.7	0.0	82.2	2.2	6.6	2.2
三多摩西武線	69.4	2.0	2.0	2.0	6.1	18.2
厚木	4.6	0.0	4.6	76.9	6.1	7.6
所沢・西武線	32.7	44.2	3.8	5.8	5.7	7.6
八王子・奥多摩	86.2	1.7	1.7	1.7	5.1	3.4
成田・千葉NT	7.1	4.8	73.8	0.0	4.8	7.2
熊谷	3.1	81.3	3.1	1.6	4.8	4.8
横浜市京急沿線	5.6	0.0	1.9	81.5	3.8	7.5
横浜市南部	6.7	1.1	1.1	82.0	2.2	6.6
市川・浦安	15.1	1.9	58.5	3.8	1.9	19.0
春日部	5.0	87.5	0.0	0.0	0.0	7.5
鎌倉・三浦半島	2.4	0.0	0.0	83.3	0.0	12.0

資料：カルチャースタディーズ研究所＋三菱総合研究所「住みたい郊外調査」2019

だから１９６０年代前半生まれにはまだ、三多摩生まれ・育ちが多い。60年代後半生まれ（バブル世代）になると、横浜や川崎などの神奈川県の郊外住宅地生まれ・育ちが増える。70年代前半生まれ（ニセ団塊ジュニア）になると神奈川県だけでなく千葉県、埼玉県生まれ・育ちが増え、70年代後半生まれ（真性団塊ジュニア）になるとさらに千葉、埼玉の割合が増す。

だから、近年埼玉県が東京都に対して転入超過であるのは、就職、結婚などで都内に転入した2つの団塊ジュニアが、出産などを機に埼玉県にＵターンしているのだと考えられる。

図表０-８を見ると、２００５年から２０１５年にかけて、東京都では３つの世代がそれぞれ２・２万～５・７万人増加している。

神奈川県ではバブル世代が減り、ニセ団塊ジュニア世代は微増、真性団塊ジュニア世代は１・４万人増えている。

埼玉県では真性団塊ジュニア世代が１・６万人増え、ニセ団塊ジュニア世代も１・１万人増加している。しかも神奈川県は2世代とも２０１０年から15年にかけて人口が減っているが、埼玉県はまだ増え続けている。

他方、千葉県では真性団塊ジュニアもニセ団塊ジュニアも５０００人台の増加にとどまっている。

埼玉に団塊ジュニアが増え続ける

図表0-8　3世代の近年の人口推移

（単位：人）

	東京			神奈川		
	真性団塊ジュニア	ニセ団塊ジュニア	バブル	真性団塊ジュニア	ニセ団塊ジュニア	バブル
2005	981,230	1,121,689	1,026,016	631,512	774,981	722,836
2010	1,038,768	1,164,057	1,053,232	649,305	781,964	725,746
2015	1,038,390	1,154,214	1,048,170	645,547	775,579	718,951
2005～15	57,160	32,525	22,154	14,035	598	−3,885
	埼玉			千葉		
	真性団塊ジュニア	ニセ団塊ジュニア	バブル	真性団塊ジュニア	ニセ団塊ジュニア	バブル
2005	480,344	596,644	534,636	410,555	500,461	450,531
2010	491,671	606,464	538,984	416,659	507,333	452,196
2015	496,414	608,039	536,165	415,886	506,031	449,920
2005～15	**16,070**	**11,395**	**1,529**	5,331	5,570	−611

資料：総務省「国勢調査」よりカルチャースタディーズ研究所作成

　つまり、3つの世代がともに23区内のタワーマンション開発などの住宅供給によって東京都で人口増加してきたのだが、おそらく子どもが生まれたり、増えたりした夫婦は、実家のある郊外に（近居かどうかは別にして）ある程度戻ったのだと思われる。

　千葉県ではそうした傾向が顕著ではないが、神奈川県では真性団塊ジュニア世代において、埼玉県では真性団塊ジュニア世代とニセ団塊ジュニア世代の両方で、生まれ育った県へのUターンが起こっており、埼玉県ではその動きがまだ続いていると推測される。

●足立区、荒川区などが独占する「地価上昇ベストテン」

次に、2018年度の23区内の地価上昇率から「東京北側」の成長性を見てみる。ベスト10は**図表0-9**の通り、江東区を除きすべて北部である。1位は豊島区高田で2位は北部の足立区千住、以下、荒川区東日暮里、北区などが上位を占める。豊島区でも西の目白のほうではなくて北大塚、巣鴨など山手線の北側である。ちなみに商業地の地価上昇率も、台東区浅草1丁目、西浅草2丁目がトップ2だ。

東京は全体として北に向かっているのだ。日暮里、巣鴨というと戦前は貧しい人々が住む「不良住宅」があった区域も内包する地域で、ゆえに開発が遅れた面もある。それが、かえって今になって都心のフロンティアと化しているのである。

東京の発展はこれまで、まず西南部で伸び、次に西北部で伸び、それから東北部や東部に向かうという法則があった。江戸時代の街道でいえば、東海道でまず伸びて、次に甲州街道、中山道で伸び、最後に日光街道、水戸街道、千葉街道方面で伸びたのである。

ところが、近年の都市再開発によるタワーマンションは主に中央区より東側で多くつくら

「東京北側」の地価が上昇

図表0-9　令和元年地価調査　基準地上昇率順位一覧（住宅地）

順位	基準地番号	基準値の所在「住居表示」	基準地価格		変動率	容積率	用途・地域
			令和元年(A)円／㎡	平成30年(B)円／㎡	(A／B−1)×100(%)		
1	豊島 -7	高田一丁目343番5「高田1-36-11」	643,000	580,000	10.9	300	第1種中高層住居専用地域
2	足立 -11	千住中居町16番43	416,000	380,000	9.5	300	第1種住居地域
3	荒川 -3	荒川二丁目21番35外「荒川2-21-2」	498,000	455,000	9.5	300	準工業地域
4	豊島 -8	北大塚一丁目26番3北大塚1-24-3	667,000	610,000	9.3	300	第1種中高層住居専用地域
5	江東 -6	有明一丁目5番9外「有明1-3-17」	654,000	600,000	9.0	300	準工業地域
6	荒川 -4	東日暮里二丁目1836番2「東日暮里2-16-4」	517,000	475,000	8.8	300	準工業地域
7	豊島 -1	巣鴨一丁目35番6「巣鴨1-35-6」	760,000	700,000	8.6	400	第1種住居地域
8	北 -10	東十条六丁目5番51東十条6-5-4	469,000	432,000	8.6	200	準工業地域
9	荒川 -6	町屋一丁目912番13「町屋1-8-13」	483,000	445,000	8.5	300	準工業地域
10	豊島 -4	千川一丁目12番14「千川1-20-8」	640,000	590,000	8.5	150	第1種低層住居専用地域

資料：東京都財務局

れた。それまで西部中心だった住宅地開発が、北部を素通りして東部に向かったのだ。

今後どれだけ東京東部で開発が進み続けるかは知らないが、伸びしろの大きいフロンティアは北部のほうに多い。山手線の日暮里駅の西は山の手の文京区だが、東は下町の荒川区である。こんなに都心に近いところ、というか都心といってもいいところが、住宅地としてはまだまだ開発の途上なのである。

関東大震災後に工場が増え人口が増えた荒川区は、優秀な職人も多い地域であるが、高度成長が終わり、バブル時代以降は製造業の海外移転などもあって衰退が続いていた。さびれた町工場が多く、大正時代以来、工場で働く在日コリアンの人々も多かったので、これまでは住宅地として開発するには魅力がないと見なされてきた。

だが荒川区の汐入地区で1980年代末から行われた再開発により大規模マンション街ができると、若いファミリー層が増えて荒川区の人口増加に寄与するようになった。

次いで日暮里駅前にタワーマンションが建ち、日暮里・舎人《とねり》ライナーも開業すると、俄然荒川区から足立区にかけての地域の潜在能力が気づかれるようになった。

●「東京北側」が注目株

ここ20年ほどのマンション開発は、中央区、港区、品川区、江東区のウォーターフロント中心だったが、２０２０年のオリンピックを契機として、以降の開発の軸足は次第に23区北部からさらに埼玉県やつくばエクスプレス沿線など、「東京北側」に向かうだろうと私は思う。

中央区、港区、品川区、江東区のマンションが高額になりすぎたので、もっと安い土地にマンションが欲しいという消費者側の需要がある。他方、供給側としては、新しいマンション市場を開拓するには比較的まだ手つかずの土地を探さないといけないからだ。デベロッパーが住宅用地に土地を買いあさるから地価が上がるのである。

実際、２０１１年以来私が予測してきたように、北千住の人気は毎年上昇している。北千住と言えば元々は日光街道の大宿場町であるが、明治・大正以降は次第に工場地帯となり、労働者の街となって、荒川区同様に高度成長期以降はさびれた感じがなかなか払拭できなかった。治安が悪いというイメージもあった。

だが近年は駅ビルの充実、治安の向上、駅前への東京電機大学の移転など、様々な施策により、若者が増え、新しい店が増えて、住みたい街としても選ばれるほどになってきている。吉祥寺は住みたい街だが、誰でも住める街ではないし、住んでみて便利かどうかはわからない。特に女性も働き続けることが増えた現在では、吉祥寺でも都心から遠い。羽田空港にはもっと遠い。不便なのだ。

●人気上昇する北千住

吉祥寺の魅力の一つは一昔前までは、百貨店が3つもあってパルコも丸井もあるという商業面での充実だった。だが買い物ならネットでできる時代に、商業施設がたくさんあることに昔ほどの意味はない。むしろ結婚しても女性が企業で働き続けるには都心や空港に近いほうが便利なのであり、それが近年の若い世代が都心に集中する理由であった（拙著『都心集中の真実』参照）。

北千住は常磐線、千代田線、日比谷線、半蔵門線、つくばエクスプレスにより、大手町、日本橋、銀座、赤坂、六本木、上野、秋葉原に乗り換えなしで直結している。ものすごく便利だ。安い飲食店から最近はしゃれた飲食店まであり、駅ビルの中もとてもおしゃれである。おそらく住民の生活満足度は非常に高いだろう。吉祥寺だけが住みたい街ではないし、住んで満足する街ではない。そういうことに気づく人が近年増えてきた（視点5）。

●吉祥寺より日暮里がよい

荒川区だってものすごく可能性がある。日暮里から成田空港までは、京成スカイライナーでたった36分である。吉祥寺から成田空港までは100分（！）。どっちがいいか。

試しに住宅検索サイトのSUUMOで、同じ設備で40〜60㎡のマンションを吉祥寺駅と日暮里駅で検索してみた。

結果は、次の通りである。

・荒川区東日暮里5丁目　日暮里駅　歩10分　築2年　40㎡　17万円（管理費込、以下同）
・荒川区東日暮里5丁目　日暮里駅　歩10分　新築　53㎡　17万7500円
・武蔵野市吉祥寺東町1　吉祥寺駅　歩9分　築25年　45㎡　17万2000円

・武蔵野市吉祥寺本町4　吉祥寺駅 歩15分　築30年　53㎡　13万8000円

このように、同じ価格なら東日暮里のほうが新しいか駅に近い。

なるほど吉祥寺にはお店がたくさんあるし、井の頭公園も動物園もある。だが、日暮里は谷根千《やねせん》（谷中・根津・千駄木）に近いし、御徒町にはアメ横もパルコもあるし、銀座も丸の内も有楽町もすぐ行ける。上野公園に行けば日本を代表する美術館群とコンサートホールがある。大きな動物園もある。なにしろ会社に近い。そう考えると、吉祥寺より荒川区の日暮里駅周辺に住んだほうがいいかもしれないのだ。特に共働きならそうである。

インドのホテルチェーン、オヨホテルもアジア人客を見込んで、池袋、蔵前と並んで西日暮里にも進出。今後さらに急激なホテル増加を計画しているが、「東京北側」に多くできるのではないか。星野リゾートも大塚にホテルをつくるなど、荒川区、豊島区といった「東京北側」はまさに今、注目株なのだ。

●東京北側には名区長が多い

加えて、「東京北側」の荒川区、足立区、豊島区に共通するのは区長の評判がいいことだ。荒川区長の西川太一郎氏は荒川区出身で２００４年から４期区長を務めており、近年の同区の発展に寄与している。誰もが幸せを実感できるまち「幸福実感都市あらかわ」の実現を目指して、荒川区民総幸福度（グロスアラカワハッピネス：ＧＡＨ）の向上に関する取り組みを進めてきた。

また子育て支援についても、子どもの居場所づくりや子ども食堂の活動を行う団体、学習支援を行う団体、不登校支援を行う団体、シングルマザーなどの家庭支援を行う団体などと、行政、荒川区社会福祉協議会、学術機関等（首都大学東京荒川キャンパス）の連携の下に、地域の子どもの健全な成長に資する活動を行う緩やかなネットワークとして「あらかわ子ども応援ネットワーク」を２０１７年に設立。20年には地方新聞46紙と共同通信社が実施している「第10回地域再生大賞」の準大賞に選ばれた。

足立区長の近藤やよい氏は足立区出身、警視庁出身で、やはり４期目。足立区は犯罪が多いというイメージを一新するための施策を講じ、区内の刑法認知件数を2008年の1万1390件から18年は5230件に半減させるなど成果を挙げ、北千住を人気の街に高めてきた。

豊島区長の高野之夫氏は豊島区出身、立教大学出身で、池袋駅前の古書店経営者という経歴を持つ。区長として6期目であり、古書店経営者らしい文化施策により、池袋のイメージを向上させるとともに、東京都内で「消滅可能性都市ナンバーワン」と呼ばれた同区で子育て支援施策を展開し、急激に子育て世代の人口を増やし、2014年には待機児童ゼロを実現した。

このように、東京北側の近年の発展には区長の果たした役割が大きい。もちろん他の区長もがんばっていると思う。国政に比べると本当にまともな政治家が多い。たとえば保坂展人世田谷区長もそうだ。ただ、富裕層が多くイメージも良い世田谷区で区政運営をうまくできるのは、当然と言えば当然である。中学校時代から全共闘運動をし、新宿高校を中退し、教育ジャーナリストになり、社民党議員となった保坂氏なら、世田谷みたいなセレブな区ではなく、労働者階級が多い下町とか川崎市で首長となるくらいであってほしかった。

●埼玉は「無印良県」か？

現代は、特に若い生活者の価値観としてブランド志向が低下し、女性ですらカジュアルウェアとしてワークマン（注2）を着る時代である。住まいについても、横浜に住んでブランドにこだわる時代ではない。こだわるなら23区に住むし、こだわらないなら埼玉に住む、という時代になる。

また、埼玉県という地域における他者への寛容度の高さ、シンプルかつナチュラルで日常的なほどよい豊かさ、「無印良県」的な良さなどが評価される時代になったのではないかと思われる。

実際、三菱総合研究所「生活者市場予測システム」の3万人調査に、カルチャースタディーズ研究所が追加で行った「住みたい郊外調査」の結果を見ても、埼玉県の各地域でシンプル志向が強いことがわかる（調査概要などは章末を参照）。

現在「ファッションを購入するときはブランドにはこだわらない」という質問に「あてはまる」と回答した率の人を、住みたい郊外中分類別に見ると、**図表0 - 10**のようになった。

埼玉県に住みたい人はブランド志向が弱い

図表0-10　住みたい郊外中分類別・現在ファッションを購入するときブランドにこだわらない人の割合

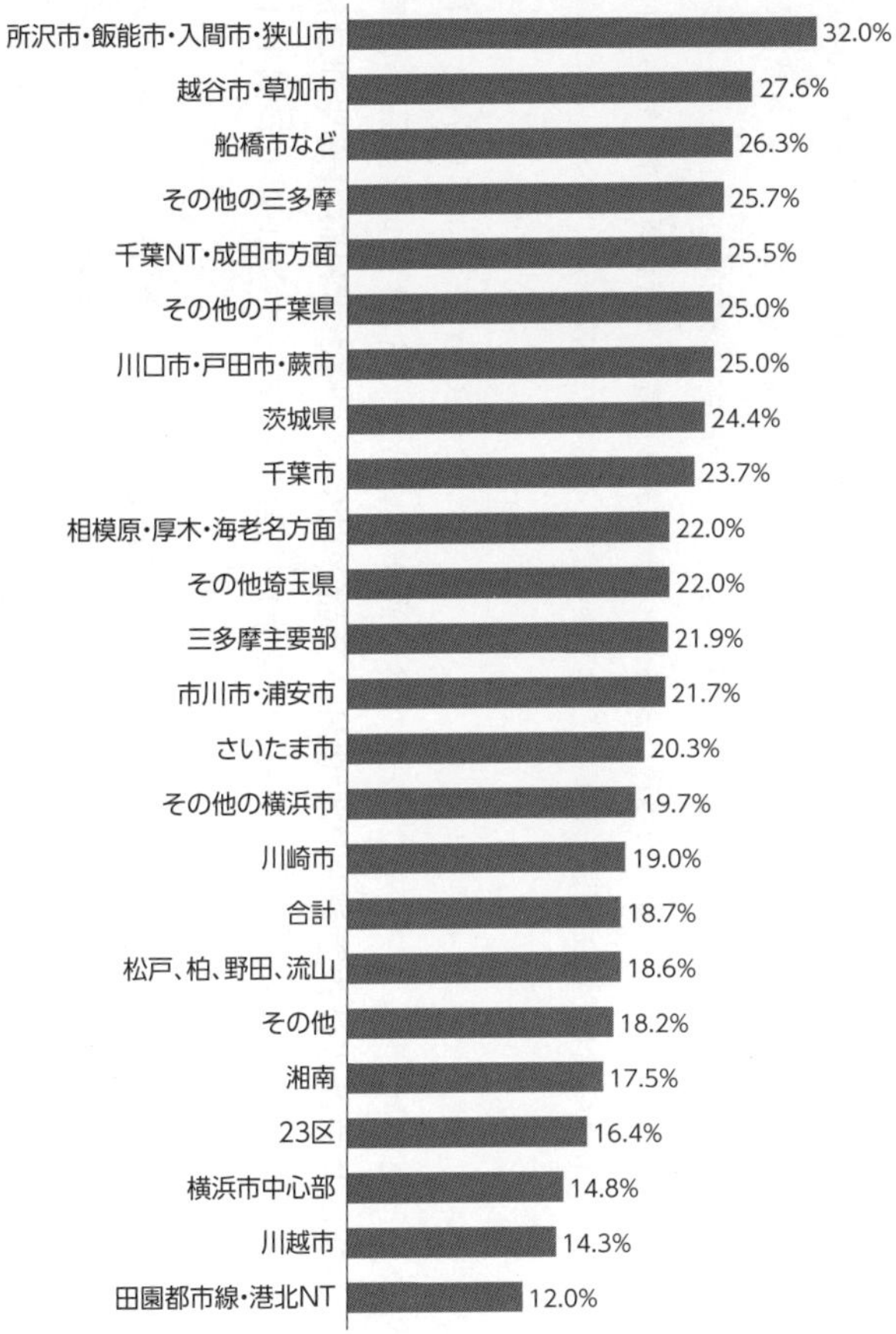

資料：カルチャースタディーズ研究所＋三菱総合研究所「住みたい郊外調査」2019

上位は所沢ブロック（市区町村名が3つ以上の分類の場合、ブロックと呼ぶ。以下同）、越谷市・草加市、船橋ブロック、その他の三多摩、千葉ニュータウンブロック、その他の千葉県、川口ブロックなどとなり、上位の多くが埼玉県で占められる。神奈川県は相模原ブロックだけである。

団塊ジュニアは、ユニクロ、無印良品、古着など、すぐ上の世代であるバブル世代とは違って高級ブランドにこだわらず、シンプル志向、ナチュラル志向になった世代である。そういう価値観の団塊ジュニアがそもそも埼玉県で多く生まれ育った。埼玉で育ったからシンプル志向になったという面もあるだろう。

注2：株式会社ワークマンは主に現場作業や工場作業向けの作業服・関連用品の専門店チェーンとして、日本最大手に成長した。野外での建設や土木作業や工場作業のための高機能製品が安価に販売されていることから、オートバイの愛好家に作業服が売れたり、厨房用に開発された極めて滑りにくい靴底の靴が妊婦に売れたりした。その人気を踏まえてカジュアル色を強めた「ワークマンプラス」が若い女性にも人気となり、「ワークマン女子」という言葉を生んだ。

●埼玉に住みたい人は勝ち組志向よりシンプル志向

反対に、ブランドにこだわらない人が少ないのは横浜市青葉区（東急田園都市線）や鎌倉市・逗子《ずし》市・葉山町、都筑《つづき》区・港北区（港北ニュータウン）、印西《いんざい》市（千葉ニュータウン）、流山市など、概してニュータウンや近年急成長した郊外が並んでいる。

また、住みたい郊外中分類別に「人生の勝ち組になりたい」という人の割合を見ると、市川市・浦安市、千葉市、横浜市中心部、田園都市線・港北ニュータウンで多い。反対に、所沢ブロック、越谷ブロック、川越、その他の埼玉県で少ない（図表0－11）。

金持ちになり高級品を持ちたい人は、田園都市線・港北ニュータウン、市川市・浦安市、横浜市中心部で多く、川口ブロック、所沢ブロック、越谷ブロックで少ない（図表0－12）。

田園都市線、港北ニュータウン、鎌倉でブランド好きが多いのはイメージ通り（視点6参照）。流山市は市長自ら田園都市線を評価しているし、近年流入した住民もけっこうエリート層が多いから、ブランド志向が強いのであろう。

それに対して埼玉県民はもっと団塊ジュニアらしい。ブランド志向や勝ち組志向が弱く、

みたい人は上昇志向が強い

図表0-11　住みたい郊外中分類別・
人生の勝ち組になりたい人の割合
（「とてもそう思う」「そう思う」の合計）

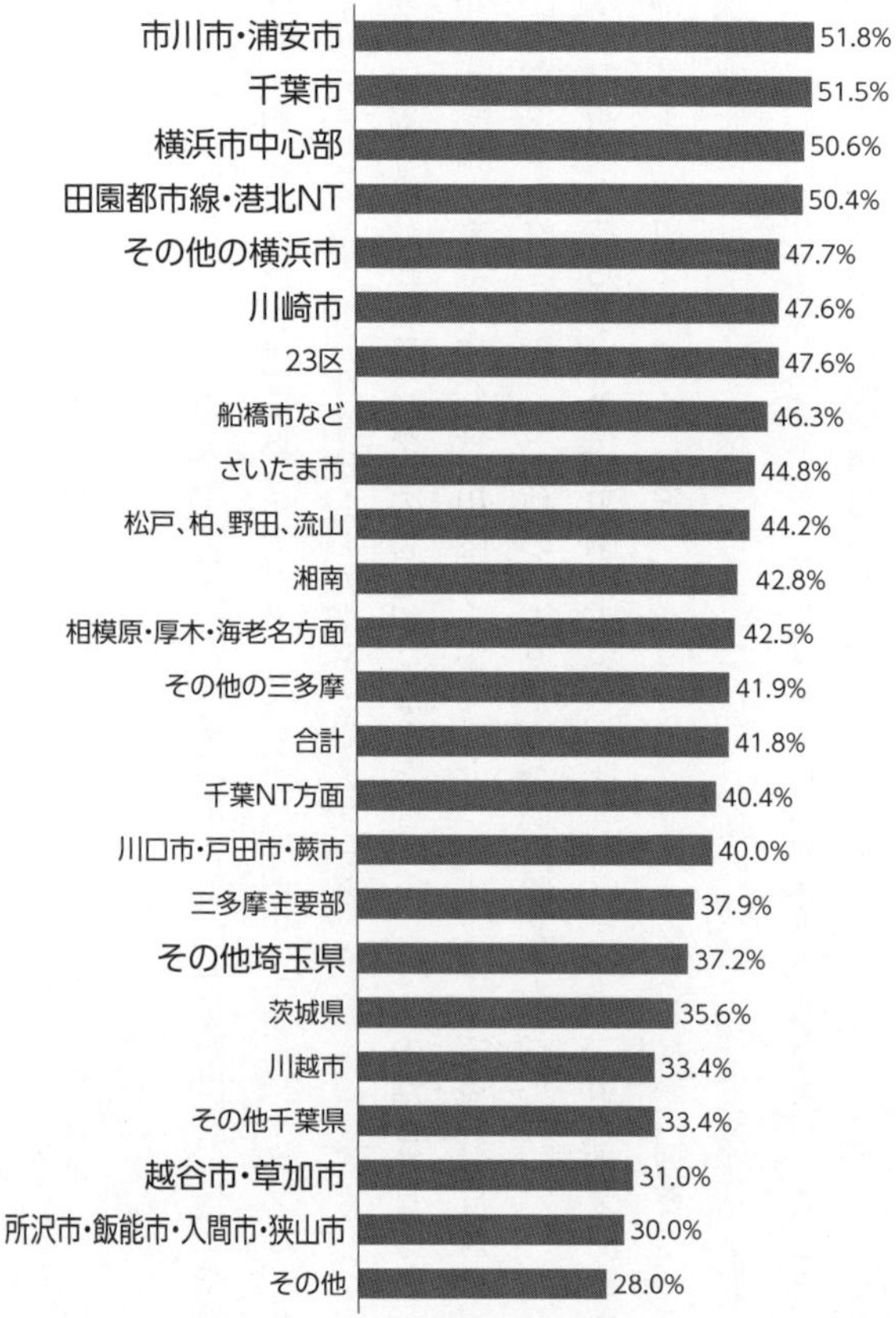

資料：カルチャースタディーズ研究所＋三菱総合研究所「住みたい郊外調査」2019

横浜、川崎、市川などに住

図表0-12　住みたい郊外中分類別・
金持ちになり、高級品を持ちたい人の割合
（「とてもそう思う」「そう思う」の合計）

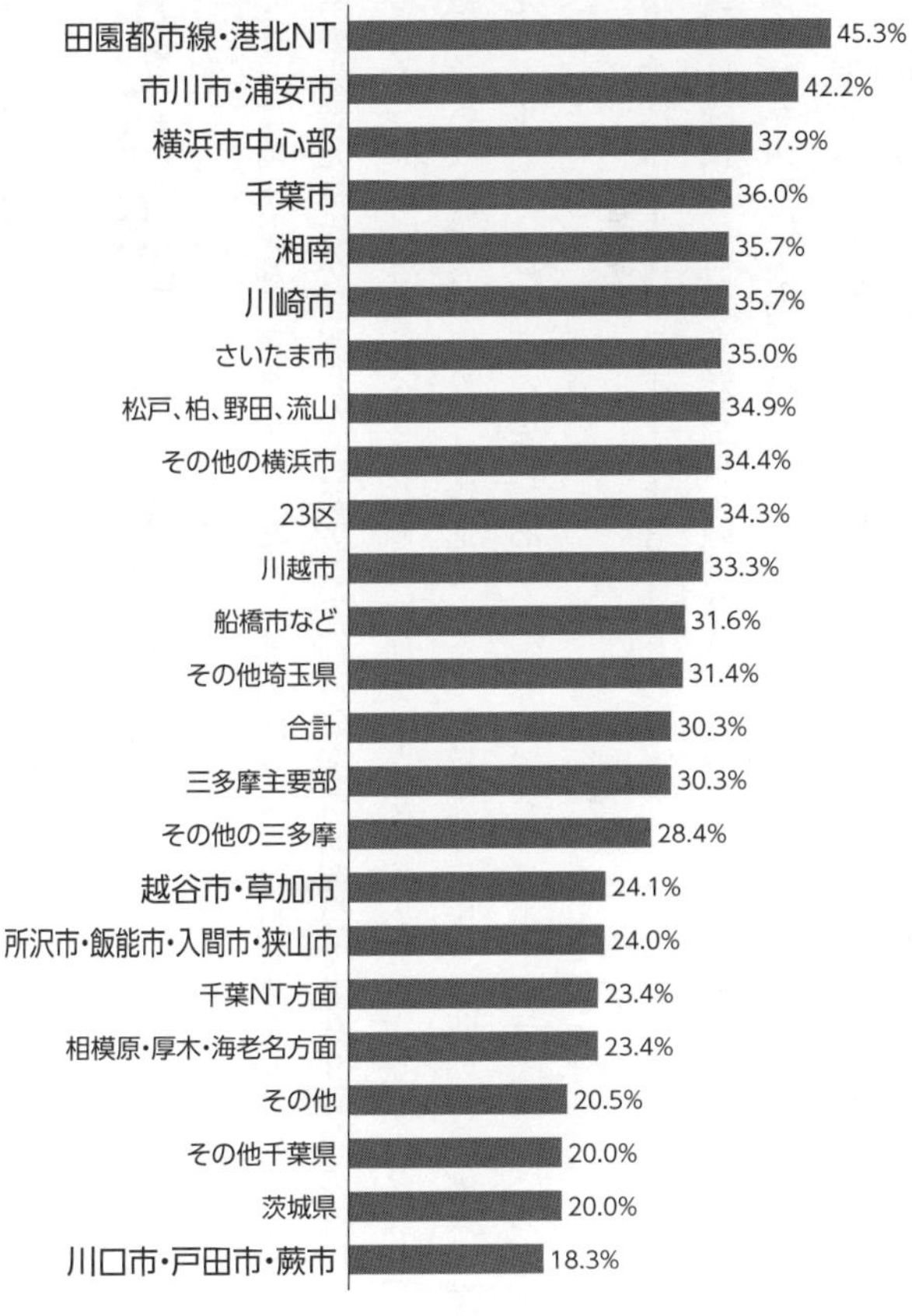

資料：カルチャースタディーズ研究所＋三菱総合研究所「住みたい郊外調査」2019

シンプル志向なのである。

●「翔んで埼玉」で選ばれた知事は政策通の論客

２０１９年8月に埼玉県知事選挙があったが、前回20％だった投票率が40％にも上昇し、国民民主党系の大野元裕氏が当選した。元アジア経済研究所研究員で１９９０年の湾岸戦争のときにテレビなどによく登場するようになった研究者だが、その後民主党議員となり、議員立法を多数成立させた論客であり、政策通である。対抗馬は自民党推薦の青島健太氏だったが、彼は元ヤクルトスワローズの選手であり、野球解説者。スポーツライター、スポーツキャスターである。

さいたま市長の清水勇人氏はスポーツ大好きで知られ、サッカー、野球、バスケットボール、マラソン、格闘技と、何でも好きらしい。２０１６年には第2回さいたま国際マラソンで人生初のフルマラソンに挑戦。政策でも、すべての市民がいつでも、どこでも、いつまでも、スポーツに関わることのできる機会を増やし、生涯スポーツの振興およびスポーツを活用した総合的なまちづくりの推進を図り、健康で活力ある「スポーツのまち さいたま」を築くことを目的として「さいたま市スポーツ振興まちづくり条例」を施行した。

だが、まあ、知事も市長もスポーツではちょっとどうかな、という気はするわけで、青島氏が当選しなくてよかったと私は思う。スポーツで健康に、もいいが、少しは社会科学的な見地も必要なわけであり、その意味で大野知事になってよかった。

●埼玉と「東京北側」の逆襲が始まる！

また埼玉県は知事選の投票率を高めるべく、話題の漫画『翔んで埼玉』を選挙ポスターに使うという思い切った戦術をとった。私は『翔んで埼玉』を漫画でも映画でも見たが、特に映画は娯楽作品としてよくできていて、笑えた。だから同作品を選挙ポスターに使うことにも、私は非常に肯定的だった。普通だと、こういうことをするとただ面白がって投票に来る人が増えて泡沫候補に票が集まると心配するのだが、今回はそう思わなかった。

その理由はおそらく、『翔んで埼玉』の中にある批評性であろう。自虐的な表現を好むことができる人は、一時的な盛り上がりで投票したりしないと考えたのだ。

結果、大野氏の当選である。あいちトリエンナーレの「表現の不自由展」中止について

「私は絶対に開催を認めない」と述べた神奈川県知事や、カジノを誘致しようという横浜市長よりはまともな人材である。そういう人を選んだところに埼玉県民の見識がある。大野氏は川口市出身で、川口と言えばギャンブルもある市だが、大野氏がカジノを誘致するとは思えない。埼玉県民の見識を評価できる選挙結果だった。こういうところに、一見ぼんやり暢気に生きているように見える埼玉県民が実は知的でバランス感覚に優れていることが証明されていると思うのである。

生活者の価値観の大きな変化、私の言う「第四の消費」的な方向への変化の中で(注3)、神奈川的ブランド志向、消費志向から、埼玉的シンプル志向、あるいは浦和に代表される文化志向、川越に代表される歴史志向、秩父に代表される自然志向などが相まって埼玉の逆襲が始まるのではないか。

注3：日本の消費社会を30年ごとに4期に分ける三浦の理論。第一の消費社会は1912〜1941年、ターミナル駅から私鉄の路線が延び、郊外に住宅地が形成され、主にホワイトカラーが住んだ。東京駅前の丸ビルが完成したのも田園調布の分譲も1923年であり、サラリーマンが電車で丸の内まで通勤し、奥さんは専業主婦で家事をし、電車に乗って渋谷の東急百貨店まで買い物に行き、日曜日には家族

そろって遊園地で遊ぶという中流階級・核家族型のライフスタイルが完成した。

第二の消費社会は１９４５〜１９７４年、戦後から高度成長期。中流階級のライフスタイルが一気に普及し一億総中流社会となる。

第三の消費社会は１９７５〜２００４年。オイルショックで高度成長は終わりを迎え、低成長の時代。消費は家族単位から個人単位に変わり、テレビもクルマも一家に一台から一人一台へと、多品種少量生産の時代に入り、ブランドやデザインが重要となる。

第四の消費社会は２００５年から。一人一台ずつクルマ、テレビ、スマートフォンの中に音楽プレーヤーもラジオもテレビもゲームもすべて入り、第三の消費社会も飽和。消費するだけでは満足できない、幸福になれない、私有しなくてもレンタカーやカーシェア、シェアハウスでよいと考える風潮が拡大した。物ではなく、人とのコミュニケーションやつながりで豊かさを感じ、都会より地方を重視し、今持っているものより大きな豪華なクルマや家電に買い替えるより、シンプルでナチュラルな暮らしを志向する。

「住みたい郊外調査」調査概要

調 査 名：住みたい郊外調査
調査主体：株式会社カルチャースタディーズ研究所、株式会社三菱総合研究所
調査企画・分析：株式会社カルチャースタディーズ研究所
調査実施：株式会社三菱総合研究所
調査時期：2019 年 5 月
調査方法：三菱総合研究所「生活者市場予測システム」2018 年版に追加調査
調査対象：東京都、埼玉県、千葉県、神奈川県、茨城県南部在住の 25 ～ 54 歳男女 2400 人（男女同数）
質　　問：「下に首都圏の主要な市区町名とその地域の代表的な街が書いてあります。あなたが今後住みたいと思う市区町はどこですか」（選択肢となる市区町名は地域、知名度などから 99 通りに小文類した。）

男女年齢別	（人）
男性25～29歳	206
男性30～34歳	220
男性35～39歳	208
男性40～44歳	214
男性45～49歳	216
男性50～54歳	136
女性25～29歳	203
女性30～34歳	230
女性35～39歳	171
女性40～44歳	235
女性45～49歳	199
女性50～54歳	162

地域別	（人）
茨城県	50
埼玉県	427
千葉県	377
東京都	942
神奈川県	604

第1章

これからまだ成長する郊外はどこだ!?

この章のポイント

① 東京西南部で30代女性が増加しているが、子育て層ではない
② 専業主婦は田園都市線など西南部に多い
③ 働く女性は南武線沿線など23区隣接地域に多い
④ 「東京北側」は寛容度が高い

●子育て世代の人口が増える

武蔵野線 沿線東北部

まず、2014年時点で25～29歳の女性が19年に30～34歳となる過程での人口増加率と、同じく30～34歳の女性が35～39歳になる過程での人口増加率（これをコーホート増加率という）を14年と19年の総務省「住民基本台帳」をもとに、市町村別に計算してみた。

この年齢を選んだのは結婚、出産の多い年齢において女性がどこに移動するかを見るためである。

口絵5を見ると、30～34歳コーホート女性の増加率が高い地域は、東京都心から23区西南部にかけて広がりがあり、それが川崎、横浜方面にも広がっている。いわゆる山の手地域である。

西南部山の手とは反対に、埼玉県さいたま市緑区、浦和区、南区、八潮《やしお》市、千葉県流山市、印西市のほぼJR武蔵野線沿線を中心とする郊外住宅地にも、増加率が高い一帯が広がっている。さいたま市緑区は浦和明の星女子という中高一貫女子校があるので、教育熱心なファミリー層が引っ越してくるのかもしれない。

それ以外では、神奈川県川崎市幸区、逗子市、千葉県袖ケ浦市、埼玉県白岡《しらおか》市などで増加率が高い。

増加率を示す**図表1-1**を見ると、「母になるなら、流山市。」キャンペーンなどで子育て世代を吸収してきた流山市が42%増で、郊外部では1位。以下、印西市、さいたま市緑区、八潮市、浦和区、さいたま市南区、袖ケ浦市、川崎市幸区などが上位にきた。

また、郊外というより農山村部である青ヶ島など島しょ部、奥多摩町、足柄上郡開成町でも増加があり、首都圏内での「移住」も起きていると思われる。**図表2-6**で見るように23区居住者には首都圏外に移住したい希望も少なくないが、そうした人々が首都圏内の田舎っぽい地域に移住する可能性も今後はある。

なお、埼玉県中央部にある滑川《なめがわ》町の増加には理由がある。人口減少問題や少子化問題、子育て支援に積極的に取り組み、「住んでよかった　生まれてよかったまちへ　住まいるタウン滑川」を掲げ、人口増加につながる数々の施策を積極的に推し進めた結果、人口増加率では県内7位、合計特殊出生率では県内1位を達成するなど努力してきたためだという。

35〜39歳コーホート女性もおおむね似たような傾向であるが、30〜34歳コーホート女性よりも移動数が少ないために増減率はおだやかである（**口絵6**）。1位はやはり流山市で20%増。

島しょ部や山村部の伸び率が高い

図表1-1　30代コーホート女性増加率上位30位（2014～19）

都道府県名	市区町村名	30～34歳 (%)
東京都	青ヶ島村*	85.71
東京都	利島村	60.00
東京都	神津島村*	53.13
千葉県	流山市	42.09
東京都	中央区	41.37
神奈川県	足柄上郡開成町	34.40
東京都	小笠原村*	30.00
東京都	新島村*	27.12
東京都	島しょ*	25.10
東京都	八丈島 八丈町*	24.19
埼玉県	比企郡滑川町	24.12
東京都	千代田区	22.52
東京都	港区	18.20
東京都	三宅島　三宅村	17.31
東京都	大島町	16.94
千葉県	印西市	16.72
埼玉県	さいたま市緑区	14.90
埼玉県	八潮市	14.43
埼玉県	さいたま市 浦和区	13.86
埼玉県	さいたま市南区	13.16
東京都	品川区	13.03
千葉県	袖ケ浦市	12.62
神奈川県	川崎市幸区	11.31
埼玉県	白岡市	10.41
神奈川県	逗子市	10.07
神奈川県	川崎市中原区	9.66
東京都	稲城市	9.07
東京都	墨田区	9.01
東京都	江東区	8.22
埼玉県	さいたま市西区	8.13

都道府県名	市区町村名	35～39歳 (%)
千葉県	流山市	20.48
神奈川県	足柄上郡開成町	18.25
東京都	千代田区	17.26
千葉県	印西市	16.20
東京都	西多摩郡 奥多摩町*	15.79
神奈川県	三浦郡	15.44
神奈川県	三浦郡葉山町	15.44
東京都	利島村	15.38
埼玉県	さいたま市緑区	13.98
東京都	中央区	13.92
埼玉県	さいたま市 浦和区	13.74
神奈川県	逗子市	13.04
埼玉県	南埼玉郡	12.22
埼玉県	南埼玉郡宮代町	12.22
千葉県	夷隅郡御宿町*	11.29
東京都	稲城市	10.13
千葉県	長生郡一宮町	9.62
神奈川県	鎌倉市	8.47
神奈川県	中郡大磯町	8.09
神奈川県	中郡	5.84
東京都	小笠原村*	5.83
神奈川県	藤沢市	5.50
埼玉県	白岡市	5.26
東京都	狛江市	5.18
神奈川県	茅ヶ崎市	5.16
千葉県	袖ケ浦市	4.75
埼玉県	吉川市	4.59
神奈川県	愛甲郡清川村*	4.23
埼玉県	三郷市	3.42
埼玉県	さいたま市南区	3.38

資料：総務省「住民基本台帳人口移動報告」よりカルチャースタディーズ研究所作成

流山、さいたま等で女性が増加

図表1-2　30代コーホート女性増加数上位30位（2014～19）

コーホート増減	市区町村名	30～34歳（人）
東京都	中央区	2,233
千葉県	流山市	2,001
東京都	品川区	1,891
東京都	港区	1,614
東京都	江東区	1,274
神奈川県	川崎市中原区	976
東京都	墨田区	868
埼玉県	さいたま市南区	720
埼玉県	さいたま市浦和区	632
神奈川県	藤沢市	615
神奈川県	川崎市幸区	563
神奈川県	横浜市戸塚区	515
東京都	目黒区	514
埼玉県	さいたま市緑区	488
東京都	渋谷区	485
東京都	千代田区	458
神奈川県	川崎市宮前区	457
千葉県	印西市	439
埼玉県	越谷市	407
神奈川県	茅ヶ崎市	401
埼玉県	八潮市	337
千葉県	柏市	315
東京都	台東区	287
東京都	世田谷区	286
埼玉県	三郷市	251
埼玉県	朝霞市	235
東京都	稲城市	207
千葉県	袖ケ浦市	203
千葉県	木更津市	195
東京都	調布市	193

コーホート増減	市区町村名	35～39歳（人）
千葉県	流山市	1,283
東京都	中央区	1,000
神奈川県	藤沢市	726
埼玉県	さいたま市浦和区	691
埼玉県	さいたま市緑区	518
千葉県	印西市	486
神奈川県	鎌倉市	383
東京都	千代田区	380
神奈川県	茅ヶ崎市	379
東京都	稲城市	273
埼玉県	さいたま市南区	212
神奈川県	逗子市	191
東京都	小平市	181
東京都	日野市	177
千葉県	習志野市	155
埼玉県	三郷市	152
東京都	狛江市	147
千葉県	柏市	126
神奈川県	三浦郡	126
神奈川県	三浦郡葉山町	126
埼玉県	越谷市	122
埼玉県	吉川市	102
埼玉県	南埼玉郡	99
埼玉県	南埼玉郡宮代町	99
神奈川県	足柄上郡開成町	92
千葉県	袖ケ浦市	87
神奈川県	中郡	87
神奈川県	横浜市都筑区	80
埼玉県	さいたま市西区	78
埼玉県	さいたま市岩槻区	77
埼玉県	白岡市	77

資料：総務省「住民基本台帳人口移動報告」よりカルチャースタディーズ研究所作成

以下、印西市、さいたま市緑区、浦和区、逗子市、宮代町、稲城市、鎌倉市など、埼玉と湘南が強い。

増加数を示す**図表1－2**を見ると、30～34歳コーホート女性は流山市が2001人で1位。以下、川崎市中原区、さいたま市南区、浦和区、藤沢市、川崎市幸区、横浜市戸塚区などとなり、さいたま市の躍進が目立つ。

35～39歳女性では、やはり流山市が1283人で1位。以下、郊外では藤沢市、浦和区、さいたま市緑区、印西市、鎌倉市、茅ヶ崎市、稲城市、さいたま市南区、逗子市、小平市、日野市などとなっており、さいたま市と湘南、中央線から西武線、京王線までの地域の市がランクインしている。

●男性は東京北側で、女性は南側で増える

30～34歳コーホートの増加数を男女で比べると（**図表1－3**）、女性の増加数が多いのは、郊外部だと川崎市中原区、船橋市、市川市、藤沢市、川崎市宮前区、厚木市など。

35～39歳コーホートの場合は、川崎市中原区、横浜市港北区、市川市、藤沢市、川崎市高

30代女性は中原区を好む

図表1-3　30代コーホート増加数の男女差（女性が多い順）

都道府県名	市区町村名	30～34歳
神奈川県	川崎市中原区	1,089
東京都	港区	1,009
千葉県	船橋市	804
千葉県	市川市	762
神奈川県	藤沢市	761
東京都	世田谷区	747
東京都	江東区	552
神奈川県	川崎市宮前区	530
神奈川県	厚木市	530
東京都	品川区	466
千葉県	成田市	454
埼玉県	さいたま市南区	430
東京都	府中市	415
神奈川県	横浜市神奈川区	414
神奈川県	川崎市高津区	359
東京都	中央区	356
東京都	練馬区	352
神奈川県	横浜市 保土ケ谷区	277
東京都	文京区	261
千葉県	流山市	256
東京都	八王子市	251
千葉県	柏市	241
神奈川県	横浜市港北区	224
東京都	大田区	223
埼玉県	さいたま市 浦和区	222
東京都	調布市	209
東京都	新宿区	207
東京都	千代田区	193
東京都	小金井市	176
埼玉県	さいたま市北区	167

都道府県名	市区町村名	35～39歳
東京都	世田谷区	689
神奈川県	川崎市中原区	649
東京都	港区	543
東京都	大田区	523
東京都	渋谷区	427
東京都	豊島区	418
東京都	中野区	411
神奈川県	横浜市港北区	392
千葉県	市川市	385
神奈川県	藤沢市	338
東京都	新宿区	318
東京都	千代田区	296
神奈川県	川崎市高津区	284
東京都	中央区	250
神奈川県	横浜市鶴見区	250
東京都	府中市	240
東京都	武蔵野市	231
東京都	品川区	223
東京都	日野市	217
東京都	文京区	192
東京都	目黒区	191
神奈川県	横浜市西区	186
千葉県	浦安市	185
神奈川県	横浜市神奈川区	176
神奈川県	鎌倉市	170
東京都	練馬区	169
東京都	板橋区	166
東京都	三鷹市	148
埼玉県	狭山市	139
千葉県	千葉市花見川区	137

資料：総務省「住民基本台帳人口移動報告」よりカルチャースタディーズ研究所作成

津区、横浜市鶴見区、府中市、武蔵野市など。

結婚した男女が増えるなら男女同数のはずであるから、女性のほうが多く増えているということは、主に未婚の1人暮らしが増えたはずである。

●未婚の男女は出会わない

そこで、15歳以上の未婚者数の男女差を町丁別に地図にしたのが**口絵1**と**口絵2**である。男性未婚者よりも女性未婚者が多い地域は都心の中央区、江東区、墨田区から西南部や三多摩に向かい、主に東急東横線沿線を中心に横浜中心部まで向かう。

また、湘南、田園都市線、さいたま市、千葉市などにも少し集積があり、郊外の中心部、あるいは湘南、田園都市線というイメージの良い住宅地に未婚女性が男性よりも多く集まると言える。

他方、**口絵1**で赤くなっていない部分が、男女同数くらいか男性のほうが多い町丁ということになるが、ここでは女性が男性より70％以下の町丁を青くしてみた。すると千葉、埼玉のほぼ全域が塗りつぶされるような姿になってしまった。

女性が未婚で１人暮らしをするのは、年収が高い場合である。年収が高いから、できればイメージの良い西南部の住宅地を選んで住む。

対して男性が未婚であるのは、年収が低くて結婚してもらえない場合である。年収が低いのだから、家賃が低い地域に住む。そのため、西南部とは対照的な地域に多く住むことになるのだ。

こうしてみると、未婚の男女は出会わないのである。少なくとも住まいの近くでは出会いにくい、と言えるのだ。

●子どもが増える印西市やつくばエクスプレス沿線

２０１９年の30代女性に子どもがいた（生まれた）場合、２０１４年の０～４歳が19年に５～９歳となる過程での人口も増加するはずである。

だが**口絵７**と**図表１・４**を見ると、５～９歳コーホートは23区から川崎、横浜方面にかけてほとんどが減少している。これは、これまで見た30代コーホート女性の増加が多い地域と重なっている。30代コーホート女性が増加しているのに５～９歳コーホートは減少している

浦和、流山、町田、印西で子どもが増加

図表1-4　市区町村別5－9歳コーホート増加数と増加率
（増加数の多い順上位30）

都道府県名	市区町村名	総数（人）	2014年 0～4歳（人）	2019年 5～9歳（人）	コーホート増加数（人）	コーホート増加率
埼玉県	さいたま市浦和区	150,845	6,522	7,691	1,169	17.9%
千葉県	流山市	169,786	8,622	9,785	1,163	13.5%
東京都	町田市	426,222	17,164	18,227	1,063	6.2%
千葉県	印西市	93,342	4,458	5,476	1,018	22.8%
神奈川県	藤沢市	421,317	18,995	19,722	727	3.8%
埼玉県	さいたま市緑区	116,568	5,907	6,578	671	11.4%
神奈川県	鎌倉市	177,684	6,519	7,136	617	9.5%
神奈川県	茅ヶ崎市	239,843	10,507	11,094	587	5.6%
千葉県	柏市	404,074	17,688	18,274	586	3.3%
東京都	三鷹市	180,194	7,561	8,125	564	7.5%
東京都	八王子市	563,482	21,845	22,334	489	2.2%
東京都	世田谷区	867,552	35,968	36,445	477	1.3%
東京都	千代田区	54,160	2,291	2,751	460	20.1%
東京都	文京区	204,258	8,561	9,004	443	5.2%
埼玉県	越谷市	331,565	14,432	14,845	413	2.9%
埼玉県	吉川市	68,639	3,230	3,586	356	11.0%
千葉県	四街道市	91,206	3,870	4,195	325	8.4%
千葉県	佐倉市	177,652	6,450	6,771	321	5.0%
東京都	小平市	186,339	8,304	8,624	320	3.9%
千葉県	木更津市	132,345	5,786	6,082	296	5.1%
埼玉県	さいたま市岩槻区	111,475	3,950	4,241	291	7.4%
埼玉県	さいたま市見沼区	160,244	6,688	6,973	285	4.3%
千葉県	白井市	62,518	2,934	3,215	281	9.6%
神奈川県	逗子市	60,258	2,146	2,406	260	12.1%
神奈川県	三浦郡葉山町	33,635	1,324	1,583	259	19.6%
千葉県	袖ケ浦市	61,876	2,649	2,892	243	9.2%
埼玉県	比企郡	137,947	4,066	4,291	225	5.5%
東京都	国分寺市	118,697	4,736	4,961	225	4.8%
東京都	稲城市	86,169	4,229	4,453	224	5.3%
東京都	西東京市	197,546	8,211	8,428	217	2.6%

資料：総務省「住民基本台帳人口移動報告」よりカルチャースタディーズ研究所作成

のは、23区から川崎、横浜方面にかけて子どものいない30代女性が増えていることを意味すると言える。あるいは、子どもができた30代女性は他の地域に引っ越していくと考えられる。また川口市、戸田市、蕨《わらび》市、和光市、朝霞《あさか》市など埼玉県の東京都隣接部も減少している。これらの地域も結婚後マンション住まいをして、子どもができた後は戸建てを求めるなどの理由で他の地域に引っ越していく傾向があると言える。

逆に5～9歳コーホートが増えているのは浦和区、流山市、町田市、印西市、藤沢市、さいたま市緑区、鎌倉市、茅ケ崎市など、やはりさいたま市と湘南が多い。増加率上位の地域としては、つくばエクスプレスと武蔵野線沿線の流山市、三郷《みさと》市、地下鉄南北線から埼玉高速鉄道沿線のさいたま市緑区が挙がっており、鉄道網が整備されたことの影響はやはりある。

30代女性コーホートが増加している地域と5～9歳コーホートが増加している地域がずれるのは、未婚女性と子どものいる女性の増加する地域にズレがあるからだ。23区から西南部にかけては30代の子どものいない女性が増えていることになる。子どもができたり、増えたり、成長したりすると、郊外に引っ越す人が多いのである。

る。

●23区を取り囲む女性就業ゾーン

他方、30代女性未婚者が多い地域は、女性の就業率が高い地域とある程度重なるはずである。

2015年「国勢調査」で15歳以上の女性の就業率が45%以上と高い町丁を見てみる（口絵3）。就業率が高いということは、基本的には若い世代が多く、かつ専業主婦が少ないということである。すると、江東区から墨田区の隅田川沿い、また中央区、千代田区、文京区などから、品川区、大田区の臨海部、東横線沿線、横浜市中心部という東京西南部に連なっており、未婚女性が多い地域とほぼ重なっている。

杉並区も阿佐ヶ谷、荻窪、西荻窪にポツポツと就業力が高い地域があるが、はっきりと線的にはつながっていない。高齢者と学生が多いことから、全体としては就業率があまり高く出ないのかもしれない。ただし、20～30代に限れば就業率が高いはずである。

むしろ武蔵野市、三鷹市、調布市などに集積がある。そして埼玉県の23区の北側隣接地域の一帯は、東の三郷市から西の新座《にいざ》市に至るまで、就業率の高い地域が面的に広がっている。

川崎市も全体に就業率が高い。つまり、ちょうど23区を取り囲むように就業率の高い地域が存在しているのである。

東の千葉県浦安市から船橋市にかけてもある程度の集積があり、柏市のつくばエクスプレス沿線から白井《しろい》市や千葉ニュータウン方面などにも一定の集積がある。ただしこれらの地域は新興住宅地と農村部が入り交じっており、面的に広がって見えるのは町丁ごとの面積が広いためであり、注意して見たほうがよい。おそらく、パート主婦と農村で働く女性の多い地域の両方が重なっているのだろう。

●財政力が高い南武線沿線に注目!!

女性就業率が高い地域の中でも特に注目すべきは、川崎市中原区から高津区、多摩区といった南武線沿線、またそこから狛江、調布、三鷹、武蔵野、西は府中、国立市南部（谷保）までずっと就業率の高い地域が連なっている点である。

ところが調布から京王相模原線で多摩ニュータウンの方向には、就業率の高い地域が連なっていかない。**口絵4**で明らかなように、多摩市は就業率が低い地域なのだ。働く女性は調布から府中に向かう。あるいはもしかしたら分倍河原駅で乗り換えて谷保に向かうのだ。

この南武線一帯は、私がかつて名付けた「ニューダウンタウン多摩川」という地域でもある（月刊アクロス編集室『「東京」の侵略』参照）。ここに働く女性が多いのだ。未婚か既婚か子どもがいるかはわからない。だが、未婚女性が男性よりも多い地域の地図を見る限り、南武線沿線は特に未婚女性が多いわけではない。

図表1-5の通り、2015年の国勢調査で市区別に見ても、横浜市西区、南区は30代女性の未婚率が高いが、川崎市中原区、高津区、多摩区は必ずしも未婚率が高いわけではない。だからニューダウンタウン多摩川には未婚、既婚にかかわらず働く女性が多いのだろうと推測されるし、子どもがいるから比較的安価かつ広い面積を求めて南武線に住むことも考えられる。

また興味深いことに、川崎から調布、三鷹、武蔵野、府中、国立は財政力指数が高い（財政が健全で持続力がある）自治体だと言われている。若く、女性も働く世代が流入しているからだと思われる。

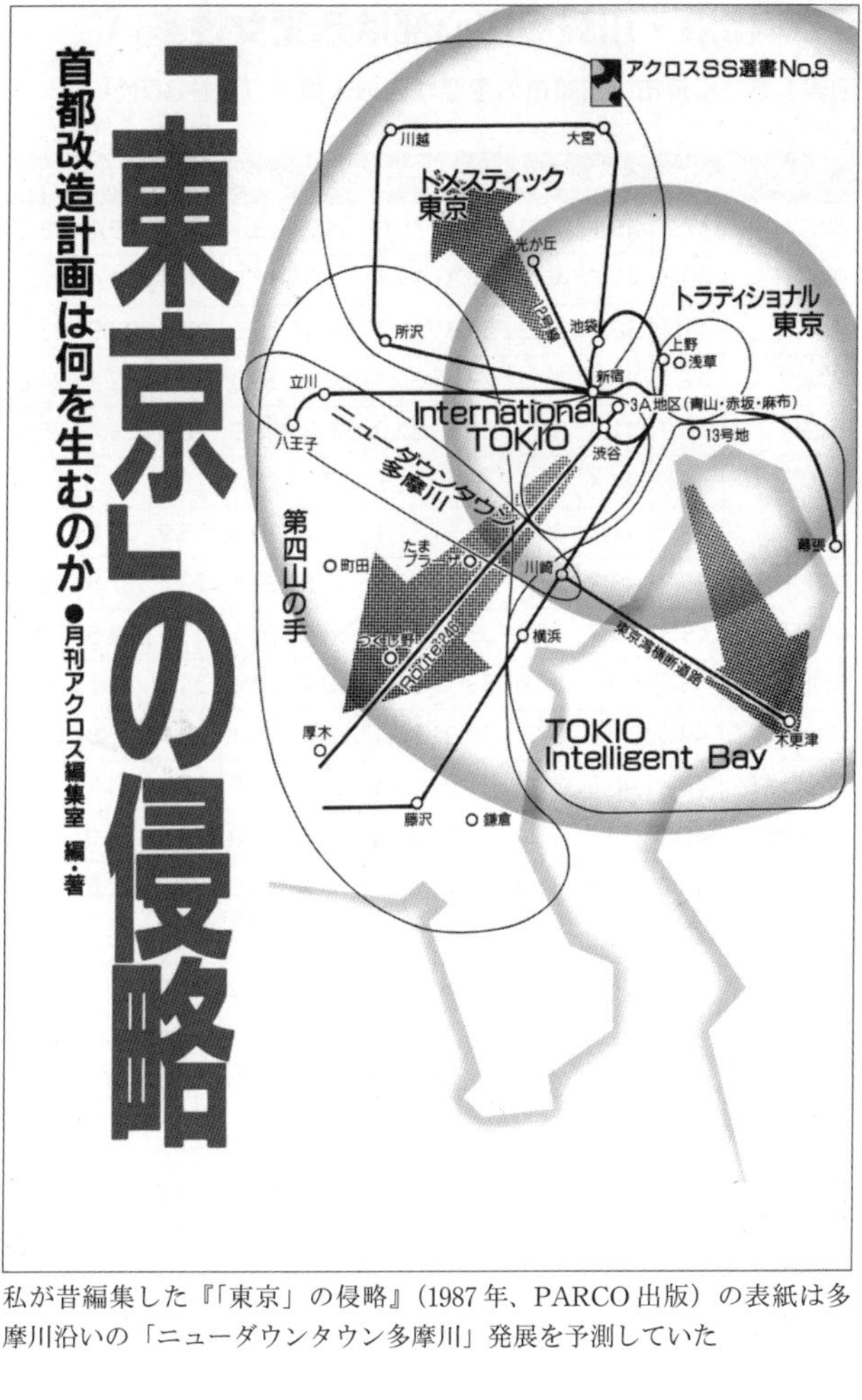

私が昔編集した『「東京」の侵略』（1987年、PARCO出版）の表紙は多摩川沿いの「ニューダウンタウン多摩川」発展を予測していた

横浜・川崎の中心部は未婚女性多い

図表1-5　横浜市・川崎市の主要な区の未婚率（女性30代）

（単位：%）

区名	30歳	31歳	32歳	33歳	34歳	35歳	36歳	37歳	38歳	39歳
西区	47.2	45.1	46.2	39.3	35.6	34.2	33.1	31.7	29.1	28.3
南区	49.3	42.6	40.6	37.8	34.1	34.8	32.5	26.6	29.4	27.4
磯子区	41.4	38.0	34.3	29.8	28.9	26.4	25.3	25.7	22.9	25.2
川崎区	42.4	38.6	33.2	29.8	30.4	28.3	28.0	23.1	22.6	24.8
多摩区	46.8	41.8	38.9	37.3	32.0	30.8	27.9	26.6	25.4	23.9
金沢区	49.5	44.4	38.3	36.6	32.9	27.3	27.4	28.7	22.2	23.6
中区	47.7	41.6	36.2	32.1	31.1	29.2	29.3	25.9	25.8	23.5
神奈川区	45.3	41.2	38.1	37.7	33.5	30.5	29.1	29.4	27.8	23.4
港南区	49.3	36.7	35.9	35.5	31.8	28.0	27.1	23.5	24.5	23.3
港北区	45.0	39.6	36.6	33.1	29.9	28.2	28.0	24.6	24.7	23.0
中原区	44.3	39.8	37.7	30.9	30.1	28.0	25.1	24.6	23.8	22.8
保土ヶ谷区	47.7	40.5	39.6	31.0	29.9	27.2	28.5	27.4	24.1	22.8
相模原市	45.1	39.0	35.4	31.2	29.9	26.8	24.9	23.5	23.9	22.4
高津区	44.0	39.8	33.4	32.6	29.9	26.8	23.5	24.0	22.6	21.3
幸区	41.5	33.8	32.0	27.1	26.6	23.4	23.4	22.4	19.2	20.2
青葉区	45.6	38.5	33.0	29.6	28.1	23.9	23.2	21.0	19.6	19.7
泉区	37.2	37.3	36.5	30.9	26.0	24.7	24.3	24.6	23.2	19.4
宮前区	45.0	37.0	36.2	30.2	27.0	20.5	21.0	20.2	19.7	18.1
麻生区	44.7	41.2	34.9	28.9	27.2	25.0	24.1	21.6	19.5	18.0
鶴見区	40.0	34.0	29.3	26.8	24.1	24.3	20.5	19.9	19.6	17.8
戸塚区	39.6	35.7	30.9	26.7	28.1	24.8	21.6	21.6	18.7	17.1
都筑区	37.5	28.9	25.3	20.5	19.7	16.7	13.6	13.8	11.6	13.2

資料：総務省「国勢調査」（2015 年）

●商工混在の下町的なミックス感が人気か？

たしかに東横線や田園都市線などで遠くに行くよりも、武蔵小杉、溝の口、登戸で乗り換えて南武線沿線の駅近マンション等に住めば通勤時間が短く、電車も少しは空いており、住宅価格も安い。働く女性にとってはコスパがよい地域なのではないか。地名で言うと、川崎市中原区新丸子東3丁目、下新城1丁目、小杉陣屋町1丁目、高津区末長4丁目、梶ケ谷2丁目、溝口2～3丁目、多摩区菅4丁目などなど。

実際に、田園都市線と南武線が交わる溝の口駅より多摩川側にある高津駅から二子新地駅まで歩いてみた。大山街道沿いにレストラン、美容室、パン屋などができている一方で、駅前には古くて美味《うま》い居酒屋もあり、全体に下町的に商工が混在し、街路は川に沿ってくねっており、まるで向島を歩いているようですらある。なかなかセンシュアス（官能的）だった。つまり、東急田園都市的な人工的ニュータウンではなく、昭和的なヴァナキュラーさを残した街なのだ。

だからもしかすると、今の時代は女性でも、いや、働く女性であればあるほど、田園都市

二子新地駅周辺の夜の様子

線的専業主婦的ニュータウンではない街を求めて、あえて南武線沿線などの古くてミックス感のある街に住もうとする人がいてもおかしくない。もともと工場地帯で商工混在であったことのミックス感、下町的な気安さが、現代の働く女性にとって暮らしやすいのではないか。

●コスパが良いから共働きに便利

株式会社ライフルの家賃相場データベースで見ると、２ＬＤＫから３ＬＤＫの家賃が武蔵小杉なら18・99万円、溝の口なら16・10万円だが、武蔵新城だと11・58万円、久地なら10・46万円、谷保なら10・98万円である。

中央線の立川は14・99万円、国立は13・13万円、田園都市線のたまプラーザは12・89万円、青葉台が10・88万円。通勤地獄で名高い田園都市線に延々と乗るより、溝の口で乗り換えたほうがよいという判断があっても当然である。

値段が安い背景には、土地が川沿いで低いから巨大台風が来ると浸水のリスクがあることと、昔は工場地帯だったことがある。それでも毎日長時間満員電車に乗るよりはマシと思えば、南武線に住むことになる。

特に女性にとって満員電車は嫌だし、保育園に預けた子どもと同乗するときはなおさらだ。だから、働く子育て期の女性がこういうコスパの良い地域に住むケースが増えているのかもしれない。なので、このあたりにはリモートワークができるサテライトオフィス、シェアオフィス、コワーキングスペースなどの需要が大きそうだ（視点２参照）。

また京王線沿線には東京外国語大学などが周辺にあり、八王子市には大学が多いことから、高学歴女性が住む場所として、学生時代を過ごした土地勘のあるこの地域を選んでいる可能性もある。南武線沿線には大企業の研究所なども多いため、それを理由として近くに高学歴女性が住んでいることも考えられる。

●山の手には専業主婦が多い

他方、15歳以上の女性の就業率が35％以下と低い地域を見てみる（口絵4、図表1－6）。就業率が低いとは、高齢者が多いか専業主婦が多いことを意味する。港区、渋谷区にかたまりがあり、またその西側の世田谷区西部を中心にかたまりがある。さらに横浜市青葉区、川崎市麻生区からずっと横須賀方面にかけても大きな連なりがある。

これはまさに第二、第三、第四山の手ゾーンに対応する。裕福な人が集まる地域であり、専業主婦が多いのである。第二山の手の港区南麻布4丁目、元麻布2丁目は労働力率が24％、渋谷区広尾4丁目は26％しかない。第三山の手の世田谷区成城8丁目は26％、等々力1丁目、深沢8丁目は29％という具合である。

このように第二、第三山の手は専業主婦と未婚女性が多い地域なのだ。第四山の手の田園都市線沿線にも、少しそうした傾向があると言える（第二、第三、第四山の手については拙著『下流社会』参照）。具体的には横浜市青葉区美しが丘3丁目が33％、川崎市麻生区王禅寺西2丁目が29％、横浜市栄区桂台南1丁目が26％、磯子区汐見台1丁目が28％といった具合であり、

アミカケした部分の右から
第二、第三、第四山の手に相当する

図表1-6　女性の就業率35%未満の町丁

資料：総務省「国勢調査」（2015年）よりカルチャースタディーズ研究所作成

地図で見ると、絵に描いたような戦後の新興住宅地である。

田園都市線付近の専業主婦の多さに対して、地図を見ると、埼玉県は労働力率の低い地域があまりない。パートであれ何であれ、働く女性が多いのだ。

なお、練馬で色がついているところは大泉、石神井《しゃくじい》などであり、比較的大きな地主が多い保守的な地域だからかと思われる。また、石神井は第三山の手と言ってもよい地域である。新しい住宅地建設も盛んなようで、子どもがまだ小さい専業主婦が多いのかもしれない。

オウチーノの調査でも、大泉学園は住みたい街の上位にくる。しかも2019年10月には、都営大江戸線が光が丘から大泉学園まで延伸される計画が東京都から発表された。完成は2028年度。そうなると大泉学園はますます人気が出るし、練馬区全体の発展も期待される。

なお、23区の北の周縁部に就業率の低い地域があるが、これは古い団地があって高齢化の進んでいる場所である。都心から遠い場所で労働力率が低い地域も、同様に高齢化が背景にあると思われる。

●郊外でコワーキングをする時代

ただしこうした専業主婦向け郊外でも、働く女性の増加に対応した動きはある。川崎市麻生区の小田急多摩線黒川駅前には2019年7月、小田急電鉄によってネスティングパーク黒川が開業した。リノベーション業界の第一人者、ブルースタジオの大島芳彦氏による新しい郊外の場所づくりである。芝生の広場を囲んでカフェとオフィスがあり、小さな事務所や店舗を借りたり、コワーキングスペースを使ったりすることができる。キャンプ場のようにそれらが配置され、実際、キャンプファイヤーをすることもあるという。郊外に働く場所と夜の娯楽を導入する試みである。

私の知り合いの女性も新宿区にあった自分の経営する会社のオフィスをたたんで、いくつかのシェアオフィスや在宅勤務に社員を分散し、その一つにネスティングパーク黒川を選び、机一つを借りて本社もそこに移転した。

大島氏が小田急線座間駅前で手がけた小田急電鉄社宅のリノベーション賃貸住宅でも、入居者の半数以上が23区内から来たという。黒川ではオフィスも都心から引き寄せたのだ。

小田急多摩線黒川駅前のネスティングパーク黒川。芝生を囲んだ建物にシェアオフィスや店舗が借りられる

鉄道のようなインフラの整備に加えて、こうした新しいライフスタイルが提案されると、横浜、川崎の郊外住宅地もスタッフ部門女性が住みたい街として選ぶ郊外に生まれ変わるかもしれない。

●東京北側で増える外国人

外国人の人口分布を見ると、新宿区大久保、豊島区池袋、台東区上野を中心に、北側の川口市、蕨市、東側の江東区、江戸川区など、北部と東部に広がりを見せている。なお三多摩の一部にかたまりがあるのは、一橋大学の留学生寮があるためだ（図表1－7）。

国籍別に市区町村別に見ると、図表1－8の通りアメリカ人は23区に集中傾向がある。西欧諸国も同様である。

対して、中国人は**図表1－9**のように23区北部、東部中心に郊外に居住地が拡大している。韓国、フィリピン、ベトナムといったアジア系も大体同じで、**図表1－10**の通り足立区、葛飾区、23区周縁部から郊外に拡大している。

外国人人口は東京北側に広がっている

図表1-7　１都３県町丁別　外国人数（2015年）

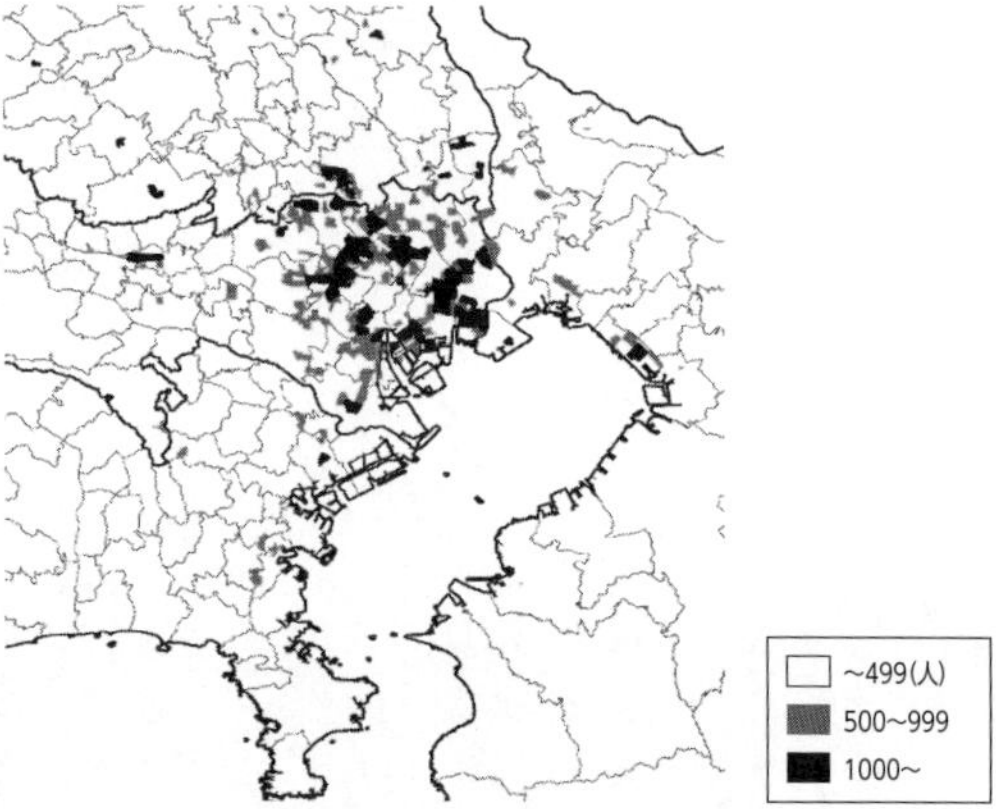

アメリカ人は23区に集中傾向がある

図表1-8　１都３県市区町村別　アメリカ人数　2015年

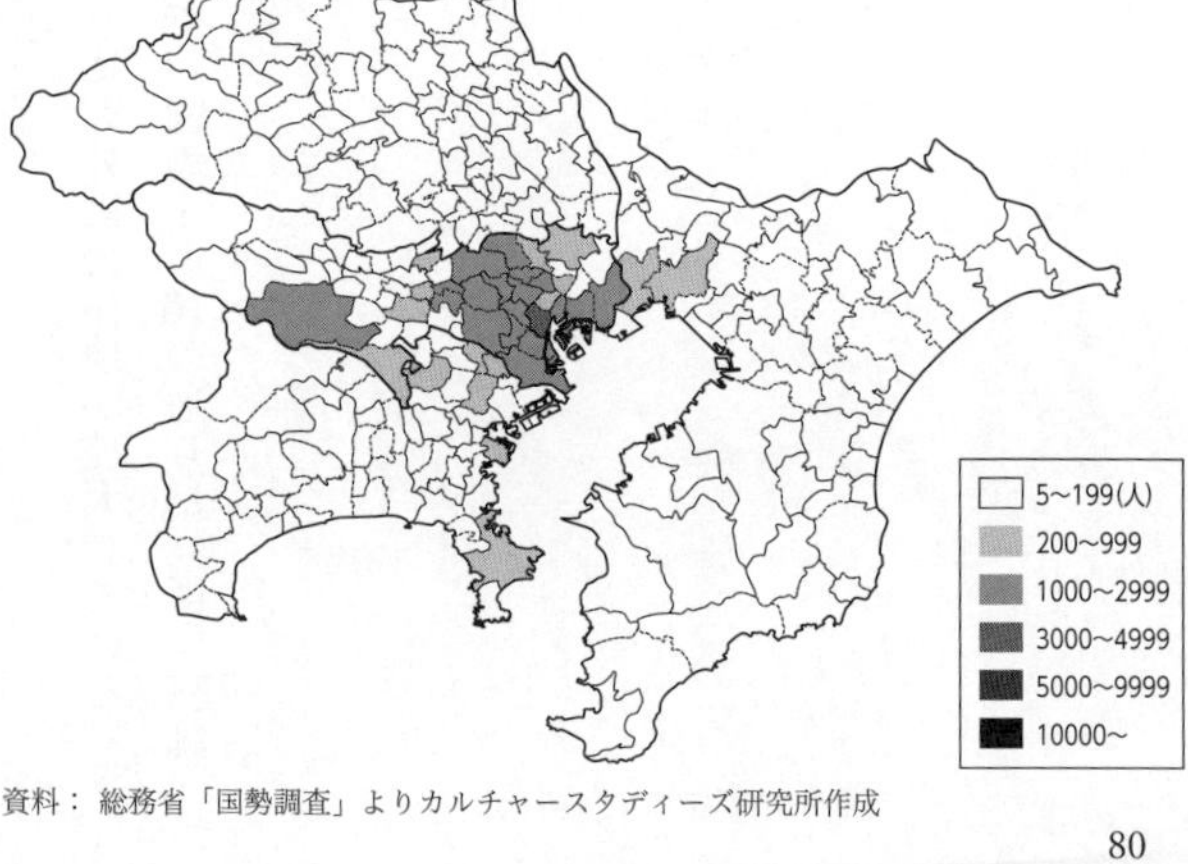

資料：総務省「国勢調査」よりカルチャースタディーズ研究所作成

中国人は23区北部、東部中心に郊外に拡大

図表1-9　1都3県市区町村別　中国人数　2015年

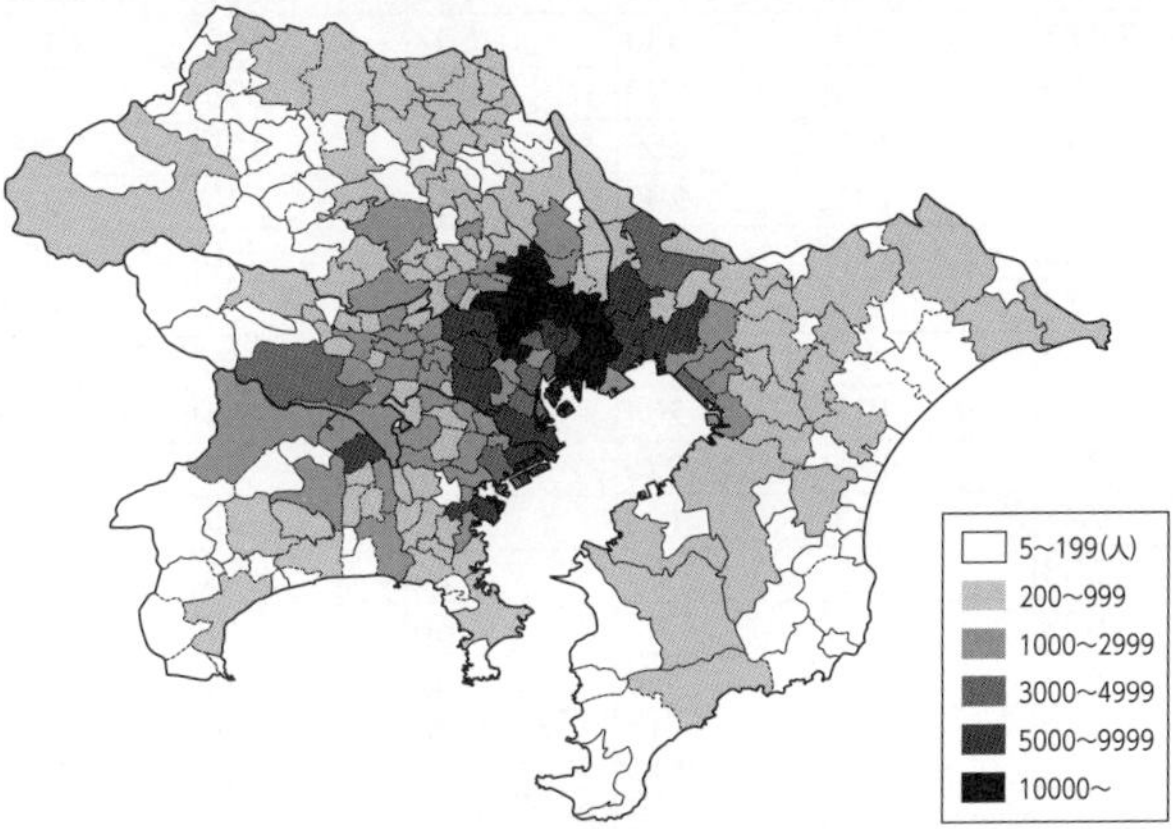

アジア系は23区周縁部から郊外に拡大

図表1-10　1都3県市区町村別　韓国・朝鮮・フィリピン・ベトナム合計人数　2015年

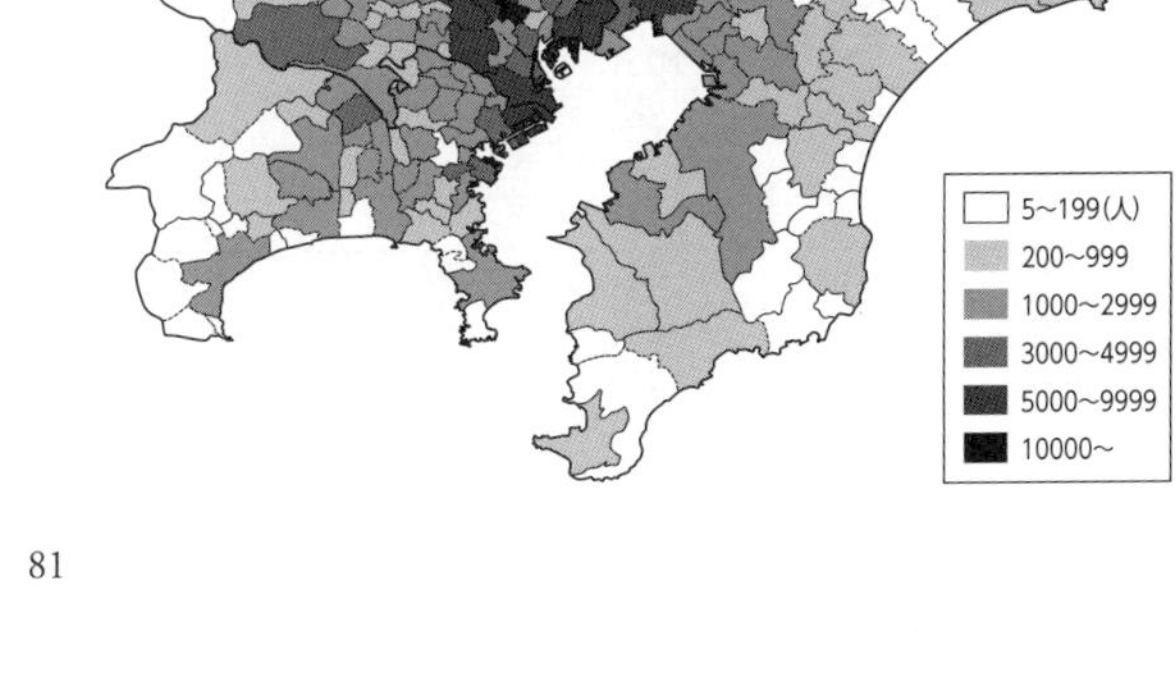

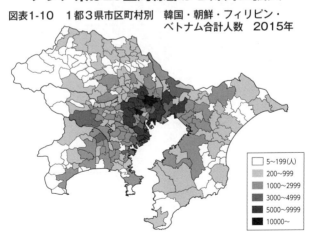

(単位：人)

フィリピン	ブラジル	ベトナム	ペルー	米国	その他
19,765	7,300	5,092	3,183	2,001	29,597
2,477	279	680	507	180	4,126
2,109	245	699	436	390	3,881
837	383	659	141	155	1,290
528	103	295	146	45	727
1,160	214	164	91	58	1,194
372	16	254	48	35	631
1,002	79	126	157	65	1,208
599	193	204	181	134	879
323	125	226	71	68	522
777	53	123	70	44	987
558	30	89	26	45	744
603	146	77	66	41	629
466	35	56	85	98	507
659	69	12	26	18	607
437	132	36	140	32	758
425	185	16	52	13	1,000
466	352	83	31	34	850
527	304	83	20	63	480
132	19	62	109	57	461
687	170	34	39	45	497
319	31	100	46	25	273
329	720	25	39	18	605
242	30	132	24	32	287
245	489	101	17	16	541
309	103	41	43	46	389
253	435	54	17	16	423
228	14	105	31	19	237
167	279	56	20	14	412
144	381	39	42	7	461
436	9	23	8	22	182
119	176	84	24	8	403
87	593	26	1	16	178
181	60	42	14	39	196

図表1-11　埼玉県の市区別外国人数（1,000人以上の市区）（2017年12月末）

	総数	中国	台湾	韓国・朝鮮
埼玉県計	167,245	65,607	15,721	18,979
川口市	33,608	19,710	2,835	2,814
さいたま市	23,358	10,134	3,075	2,389
川越市	7,779	2,288	542	1,484
戸田市	6,881	3,608	757	672
草加市	6,426	2,048	1,008	489
蕨市	6,212	3,900	416	540
越谷市	6,104	2,186	749	532
所沢市	5,181	1,823	675	493
朝霞市	3,703	1,551	355	462
春日部市	3,676	944	279	399
三郷市	3,547	1,167	390	498
上尾市	3,291	1,104	320	305
新座市	3,252	1,193	399	413
八潮市	3,198	734	357	716
熊谷市	3,117	934	344	304
深谷市	2,851	829	150	181
久喜市	2,718	400	173	329
坂戸市	2,471	665	108	221
和光市	2,451	1,092	279	240
狭山市	2,381	550	171	188
富士見市	2,304	965	279	266
本庄市	2,274	245	63	230
ふじみ野市	2,274	821	201	505
東松山市	2,141	397	104	231
入間市	1,936	536	147	322
加須市	1,854	330	91	235
志木市	1,788	740	164	250
鴻巣市	1,618	380	101	189
行田市	1,425	129	62	160
吉川市	1,371	395	130	166
羽生市	1,357	322	45	176
上里町	1,137	109	17	110
鶴ヶ島市	1,079	286	95	166

資料：埼玉県ホームページ

（単位：人）

ネパール	ペルー	米国	台湾	インド	タイ	インドネシア	スリランカ	その他
6,305	6,148	5,509	5,459	5,194	4,426	3,291	3,002	26,069
3,624	1,209	2,604	2,861	2,624	1,661	1,197	827	10,946
1,210	465	953	1,124	1,156	659	484	222	4,268
255	37	661	788	309	322	59	86	1,599
383	287	88	287	552	231	87	42	806
391	310	334	304	572	333	211	98	2,164
699	392	129	232	263	121	98	34	1,111
225	50	139	322	87	228	47	62	672
66	663	55	105	235	178	119	370	1,011
639	26	172	200	82	84	80	67	726
150	721	103	127	54	232	91	88	880
274	21	262	236	95	97	95	171	1,143
70	509	189	128	46	156	223	454	911
231	285	447	172	21	109	306	16	571
100	153	109	96	87	141	69	36	781
268	25	228	255	133	107	63	32	755
146	96	151	138	468	113	99	29	824
409	15	92	135	209	98	74	83	562
190	81	71	129	190	69	34	8	404
541	22	171	147	95	70	47	80	655
66	170	60	74	26	87	86	9	1,075
94	84	106	111	92	55	18	16	299
159	28	174	161	105	86	67	31	665
165	9	163	110	73	49	58	66	619
54	42	241	120	175	73	145	18	894
72	52	114	86	38	61	94	28	405
40	47	59	53	865	71	114	25	396
12	202	37	23	2	224	80	427	591
82	387	39	54	37	111	47	8	701
28	17	120	99	62	65	121	30	574
145	61	74	70	17	79	43	33	559
24	28	109	140	201	52	55	60	787
16	130	96	44	48	89	47	130	422
113	16	63	65	23	75	114	34	426
72	284	106	58	49	79	61	13	358
17	18	109	83	41	52	54	13	445
8	678	3	3	9	161	36	66	394
53	15	72	61	28	60	30	5	243
37	113	62	31	228	79	28	189	367
18	32	36	30	0	47	26	10	330
48	71	14	39	47	41	63	8	268
63	50	38	31	18	46	115	14	209
49	27	95	65	25	109	47	17	288
32	38	28	34	2	36	35	29	224
32	4	141	57	12	48	37	8	359
10	8	44	43	11	32	5	6	116

図表1-12　神奈川県の市区別外国人数（1,000人以上の市区）（2019年1月1日）

	全合計	中国	韓国	フィリピン	ベトナム	ブラジル
神奈川県計	212,567	68,912	27,781	22,192	19,801	8,478
横浜市計	97,532	39,395	12,892	8,118	6,995	2,579
川崎市計	41,702	15,082	7,600	4,370	3,310	799
中区（横浜市）	16,810	9,357	2,047	767	422	101
川崎区（川崎市）	15,853	6,054	3,222	1,752	1,592	470
相模原市計	14,795	4,309	1,638	1,998	1,772	361
鶴見区（横浜市）	12,902	4,836	1,496	1,295	1,049	1,147
南区（横浜市）	10,352	5,217	1,504	1,163	594	42
厚木市	7,373	1,325	488	805	1,514	439
神奈川区（横浜市）	6,990	2,848	1,006	483	489	88
大和市	6,653	1,436	731	819	909	312
港北区（横浜市）	6,525	1,872	1,167	601	380	111
藤沢市	6,245	1,204	778	414	595	568
横須賀市	5,882	739	768	1,579	433	205
中央区（相模原市）	5,867	1,873	627	1,046	572	177
中原区（川崎市）	5,583	1,907	984	467	292	67
南区（横浜市）	5,529	1,544	696	579	541	105
保土ヶ谷区（横浜市）	5,346	2,186	642	432	357	52
幸区（川崎市）	5,033	2,086	858	544	330	39
西区（横浜市）	4,896	1,824	658	210	343	33
平塚市	4,877	889	407	785	488	655
磯子区（横浜市）	4,740	2,399	546	438	273	209
高津区（川崎市）	4,635	1,367	815	584	338	55
多摩区（川崎市）	4,544	1,702	676	497	298	59
青葉区（横浜市）	4,225	1,217	658	289	227	72
戸塚区（横浜市）	4,025	1,763	530	311	347	124
緑区（○○市）	3,822	1,020	334	428	198	172
綾瀬市	3,672	272	169	248	817	568
秦野市	3,493	639	213	193	496	486
宮前区（川崎市）	3,420	977	597	382	278	70
緑区（○○市）	3,399	892	315	373	659	79
都筑区（横浜市）	3,327	607	533	318	294	119
座間市	2,964	685	298	508	325	126
旭区（横浜市）	2,923	940	417	333	277	27
金沢区（横浜市）	2,815	668	367	246	312	142
麻生区（川崎市）	2,634	989	448	144	182	39
愛川町	2,592	191	27	336	168	512
港南区（横浜市）	2,576	974	488	302	202	43
海老名市	2,507	435	245	219	317	157
泉区（横浜市）	2,488	842	144	169	758	46
伊勢原市	2,391	416	117	305	768	186
小田原市	2,308	448	312	523	307	134
茅ヶ崎市	1,870	422	287	230	118	91
瀬谷区（横浜市）	1,768	493	179	224	379	35
鎌倉市	1,405	262	302	77	44	22
栄区（横浜市）	1,002	332	176	109	94	16

資料：神奈川県ホームページ

(単位：人)

タイ	スリランカ	台湾	ブラジル	ペルー	インドネシア	米国
5,697	4,481	3,535	3,359	2,639	2,545	2,188
1,382	1,707	1,364	748	560	789	976
256	381	318	377	146	131	223
469	661	370	111	170	199	247
306	294	250	85	92	192	171
192	226	198	104	100	152	157
51	38	73	21	19	67	88
108	107	155	50	33	48	90
351	367	247	108	377	292	55
352	32	101	419	234	130	38
103	92	97	640	412	51	69
96	81	72	219	144	64	110
65	82	61	220	79	36	57
75	128	121	39	9	56	169
83	28	106	26	33	103	45
133	161	57	37	19	54	25
80	68	108	86	176	66	56
135	103	67	49	14	61	21
42	28	50	44	23	36	59
182	300	83	146	59	46	19
99	35	29	89	9	22	41
81	56	130	23	7	24	20
129	232	73	54	154	54	11
315	24	16	5	4	90	14
51	78	42	17	42	68	23
46	74	58	35	43	25	54
108	102	75	22	27	29	14
44	47	42	18	46	29	27
397	10	26	13	13	116	16
51	14	51	23	18	17	35
176	2	46	28	22	32	16
19	170	13	17	21	20	11
189	23	57	20	11	16	3
111	268	41	7	2	10	14

図表1-13　千葉県の市区別外国人数（1,000人以上の市区）（2018年12月末）

	総数	中国	フィリピン	ベトナム	韓国・朝鮮	ネパール
千葉県計	153,500	51,516	19,006	18,351	16,446	6,754
千葉市計	73,713	31,477	6,501	9,038	7,906	3,869
船橋市	17,959	7,491	1,271	3,097	1,654	1,251
市川市	17,004	6,506	1,494	1,528	1,567	1,217
松戸市	16,303	6,985	1,749	2,218	1,643	814
柏市	8,937	3,325	955	1,170	1,089	304
美浜区（千葉市）	6,918	4,839	259	372	468	41
中央区（千葉市）	6,592	2,331	773	653	1,485	242
成田市	5,723	753	881	635	506	567
市原市	5,644	881	1,770	385	725	111
八千代市	5,376	1,225	827	714	411	374
花見川区（千葉市）	4,199	1,248	413	394	431	317
習志野市	4,052	1,341	425	601	447	297
浦安市	3,953	1,329	392	367	510	113
稲毛区（千葉市）	3,770	1,601	320	326	431	144
若葉区（千葉市）	3,425	877	740	274	623	125
佐倉市	3,243	606	512	278	288	127
野田市	3,016	618	659	338	176	107
流山市	2,628	984	330	219	363	82
富里市	2,390	326	517	226	224	51
木更津市	2,304	452	467	392	340	18
四街道市	2,258	440	222	192	171	22
八街市	2,172	396	337	256	133	58
銚子市	2,146	680	369	415	133	5
我孫子市	2,020	602	225	307	208	99
印西市	1,985	763	155	277	255	7
東金市	1,808	649	160	203	271	5
鎌ケ谷市	1,645	460	266	195	213	59
旭市	1,391	367	148	156	34	18
緑区（千葉市）	1,362	419	164	128	285	24
茂原市	1,283	212	259	189	215	21
白井市	1,221	342	102	275	103	7
香取市	1,088	237	147	241	57	2
山武市	1,041	139	137	123	88	0

資料：千葉県ホームページ

視点1【夜の郊外】

大宮でアラサー女子と銭湯に入り、鰻《うなぎ》の肝を食らう

夜の娯楽の街・大宮

大宮は私の郊外論にしばしば登場する。なぜなら中山道の宿場町、鉄道の町という交通の要衝としての歴史ゆえに、単なる郊外住宅地というより繁華街、歓楽街として発展してきたからである。それゆえに大宮は現在の郊外に不足している夜の娯楽をあらかじめ備えており、これは大宮地区あるいはさいたま市全体が今後発展する上での大きなメリットであるだけでなく、郊外全体の今後のモデルにもなりうると私は考える。

宿場町、娯楽という点では町田でも柏でも

いいのだが、大宮の場合は新幹線停車駅なので拠点性が高い。だからますます発展の可能性にあふれているのである。

一の宮通りは古着屋街

と言いつつ、私も大宮をそれほどくまなく歩いたことがあるわけではない。西口は10年以上降りたことがないし、東口も中山道までである。20年以上前に盆栽村から氷川神社とその参道を経由して大宮駅まで歩いたことがあるが、以来行ったことはない。

そこで本書の取材として、久々に氷川神社へ参拝してみることにした。ちょうどよく知人の30代の女性（Gさんとする）が大宮に引っ越したばかりである。大宮の住み心地をたずねる意味もあり、Gさんにも同行してもらった。

まず中山道を渡り、一の宮通りを経由して参道に向かった。この一の宮通りがなかなかよい。古着屋などファッション系の比較的個性のある店が集まっている。駅周辺はチェーン店が多く、いかにも郊外の駅前という無個性さが感じられるが、それとは対照的である。Gさんも美容室はこの通りにある店に行くという。ミニ原宿、ミニ下北沢的なストリートである。

参道に入ると立派な並木道であり、その東側は高級な住宅地である。参道の団子屋、せんべい屋なども風情がある。これだけの参道はなかなかないので、観光資源として非常に重要である。

氷川神社に参拝した後は元に戻る。一の宮

一の宮通りはミニ原宿的な雰囲気

通りの入り口付近をうろうろすると、かなり古い飲食店が空き家になっている。このあたりも近々ビルになるのだろうが、チェーン店ばかりにならないことを望む。

水商売らしき女性が集まる大衆食堂

駅方向に戻りつつ、歓楽街である南銀座方面を歩く。キャバクラなどが本当に無数にあるが、これだと夜だけの街になってしまうので、昼間に女性でも気軽に入れる街区を少しつくったほうがよいだろう。

Gさんは北銀座方面に住んでいることもあり、南銀座にはあまり来たことがないそうだ。それならと以前一度入った大衆食堂「多万里」に行った。『孤独のグルメ』に取り上げられそうな昭和の食堂である。おやつどきだったので、ビールと焼きそばだけ頼む。料金は前払い。ふと気づくと100円で煮卵がある。煮卵は光文社新書でも話題である。それで頼んでみた。これが美味い！　ねっとりとして甘い。これだけ3つ食べに大宮に立ち寄ってもよいくらいである。

ビールを飲みながら客層を見ると、女性が多い。どうも周辺の水商売の女性らしい。普段着で腹ごしらえをして、それから美容室に行き、お店に出るのだろう。だからか、この店は11時半開店で19時に閉店。材料がなくなると18時半に閉めるという。バリバリ働くGさんが仕事帰りに夜ご飯を食べるには早すぎる。かなり地元密着の店らしい。

こういう店が残っているとほっとする。というか、大宮にしかないこの店がなくなったら寂しい、チェーンの店に変わったら泣いてしまうような店である。水商売の女性たちも、こういう店だからこそ安らぐという心理はあるだろう。

西口に銭湯がまだあった

次は西口に向かう。10年ぶり、いやそれ以上だが、そのときはソニックシティで講演をしたのだと記憶している。30年以上前にソニックシティができたときも仕事で来ている。それ以後は駅を出てペデストリアンデッキを数回歩いた以外、西口の地面を歩いたことはない。

そういうわけで、かなり久々の西口である。ビルが増えている。かつては地の果てにあるように見えたソニックシティが、今はぶらぶ

大宮駅西口には下町らしい地域が残っている

ら歩いているとすぐ到着である。

だがまあ、ビルばかりだし、歩いて面白いわけではない。ソニックシティの北西方向まで歩くと、突如風景が変わる。古い商店街があるのだ。普通の女性はここで立ち止まる。しかしGさんは、実はバックパッカーだった。知らない街の知らない通りを歩くのが好きらしい。西口はほとんど来たことがないから、もっと行ってみようとおっしゃる。

すると銭湯が見える！ 大宮にまだ銭湯があったか。しかも西口に。さらに行くと商工混在地帯のようである。下町っぽい。

かつGさんは銭湯好きでもあった。私からではなくGさんから銭湯に行こうと誘われた。私はいつも手ぬぐいを持参している。なんと都合がいいのだろう。

では行きますか、と入湯。ここでしばしば誤解をする人がいるが、銭湯は混浴ではない。

古い銭湯だ。昔ながらの番台方式。背を伸ばせば女湯が覗《のぞ》けてしまう。ロッカーも昔の木製。お湯は熱い。従業員用のドアまでまだ木製だった。客層はいかにも職人風。言葉遣いが荒っぽい。大きな火傷痕のある男性もいる。そういう客層がメインだからか、閉店は21時半と早い。新興住民は銭湯に来ないのだろう。

これが昔の大宮なんだなとわかった。鉄道の町。それに関わる多くの工場、商店もたくさんあったに違いない。こういう懐かしさをこれからのまちづくりに取り入れられないものか。ただビルやマンションだけつくればいいというものではない。

女性が欲しいのはおしゃれな店ではない

銭湯を出ると、Gさんは洗いざらしの生乾きの髪のままだった。さすがバックパッカー、私と会うのは二度目なのに肝が据わっている。

次は東口に戻り、「おじさんばっかりのおでん屋があるが、入ったことがないので行ってみたい」とGさんは言う。だがあいにくおでん屋は定休。代わりに鰻屋に入る。鰻屋といっても、鰻の肝（内臓）が売りの店である。大宮、浦和あたりは川が多く、元来鰻が獲れる。今は国産じゃないだろうが、それでも鰻の店は多い。とはいえ内臓もある店は珍しいのではないか。

Gさんはこの店に何度か来ているという。バックパッカーはたくましい。女性も入りや

夜ほど賑わう大宮駅東口

すい店をつくらなきゃ、というと、勘違いして洒落《しゃれ》た店ばかりつくろうとするが、それは間違いである。残業もたくさんする女性が駅から降りて立ち寄りたいのは、男性と同じく、酒と肴が美味い古びた店なのだ。ガラス張りのきれいな店では疲れた顔で酒を飲めない。のれんをくぐり、曇りガラスの戸をガラッと開けて、煙と湯気が立ちこめる店でなければ一日の疲れはいやせない。そういう心理を無視した再開発はもう求められない。

第2章

23区から人口を奪えるのはどこか?

この章のポイント

① 居住者に比して住みたい人が多いのは国立市、武蔵野市
② 23区居住者は箱根や地方に住みたい
③ 所沢は23区から人口を吸収できるはず
④ 23区居住者は調布、武蔵野、川崎、和光に住みたい

●「東京北側」が発展する仮説を検証

カルチャースタディーズ研究所では2019年5月に前述の「住みたい郊外調査」を行った。同調査は、三菱総合研究所が毎年行っている3万人調査「生活者市場予測システム（略称mif）」の2018年の回答者への追加質問をする形で行ったものであり、東京、埼玉、千葉、神奈川および茨城県南部の居住者2400人の男女（25〜54歳）を対象とした。用意した99にブロック分けされた市区町村から複数回答で質問に答えてもらった。

このアンケートによって序章や第1章で立てた仮説「これからの東京は北部が発展する」がどの程度検証できるかを中心に見ていこう。

まず単純集計の結果としての、23区内を除いた「住みたい郊外」は1位が横浜市西区（横浜駅周辺、みなとみらいなど）・横浜市中区（山手町、元町、石川町など）、2位が船橋市・鎌ケ谷市・習志野市、3位が藤沢市・平塚市・茅ヶ崎市であった（**図表2-1**）。

船橋市は株式会社ライフルの住みたい街調査の「買って住みたい街」で2017年度に1

位だったこともあるから、そのデータと関係しそうな結果である。

以下、武蔵野市、鎌倉市・逗子市・葉山町、横浜市港北区・都筑区、横浜市青葉区（たまプラーザなど）、横浜市鶴見区・神奈川区、さいたま市西区・桜区・南区・北区、横浜市戸塚区・港南区・栄区がベストテンである（表では参考のため23区内も表示した）。

なお、さいたま市西区・桜区・南区・北区は大宮駅、浦和駅から見て北、西、南側の一帯であるが、ほぼ埼京線の沿線である。

●女性が特に好きな横浜市青葉区、川崎市中原区

男女別に見ると、**図表2-2**の通りとなる。女性では横浜市青葉区が3・8％で3位であり、男性が2・3％で13位であるのと比べて非常に高い。横浜市の各区が総じて人気であり、武蔵野市も男性より若干多い。武蔵小杉のある川崎市中原区や横浜市鶴見区も女性のほうが1・1ポイント多い。

男性は藤沢市、平塚市、茅ケ崎市や鎌倉市・逗子市・葉山町、あるいはさいたま市浦和区など戦前から人気のあるような地域を好んでおり、保守的である。

横浜中心部に次ぎ船橋ブロックが人気

図表2-1　住みたい郊外ランキング（参考のため23区内も表示した）

	合計
渋谷区、目黒区、世田谷区（恵比寿、代官山、自由が丘、三軒茶屋、下北沢など）	16.8%
千代田区、中央区、港区（神保町、神田、秋葉原、麹町、飯田橋、銀座、赤坂、六本木、広尾、白金など）	13.0%
中野区、杉並区（阿佐ヶ谷、高円寺、西荻窪など）	10.1%
文京区、豊島区（本郷、谷中、池袋など）	9.2%
台東区、墨田区、江東区（上野、浅草、豊洲、清澄白河、門前仲町、錦糸町など）	8.1%
品川区、大田区（大森、蒲田、大井町、武蔵小山など）	7.4%
荒川区、北区、足立区（日暮里、北千住、王子、十条など）	6.2%
新宿区（神楽坂、高田馬場など）	6.1%
板橋区、練馬区（石神井、光が丘など）	6.1%
横浜市 西区（横浜駅周辺、みなとみらいなど）、中区（山手、元町、石川町など）	6.0%
上記以外（1都3県と茨城県以外）	5.6%
葛飾区、江戸川区（小岩、立石、柴又、金町など）	4.0%
船橋市、鎌ケ谷市、習志野市	4.0%
藤沢市、平塚市、茅ヶ崎市	3.3%
武蔵野市	3.2%
鎌倉市、逗子市、葉山町	3.1%
横浜市 港北区、都筑区	3.0%
横浜市 青葉区（たまプラーザなど）	3.0%
横浜市 鶴見区、神奈川区	2.9%
さいたま市 西区、桜区、南区、北区	2.7%
横浜市 戸塚区、港南区、栄区	2.7%
さいたま市 浦和区	2.6%
横浜市 旭区、緑区、瀬谷区、泉区	2.6%
川崎市 中原区（武蔵小杉など）、高津区（溝の口など）	2.6%
三鷹市	2.5%
川崎市 多摩区、宮前区、麻生区（新百合ヶ丘など）	2.5%
さいたま市 大宮区	2.3%
千葉市 美浜区、稲毛区、花見川区	2.3%
市川市	2.3%
調布市、狛江市	2.1%
越谷市	2.0%
川崎市 川崎区、幸区	2.0%

資料：カルチャースタディーズ研究所＋三菱総合研究所「住みたい郊外調査」2019

女性は横浜や武蔵小杉が好き

図表2-2　男女別・住みたい郊外

男性		女性	
横浜市 西区（横浜駅周辺、みなとみらいなど）、横浜市中区（山手、元町、石川町など）	5.5%	横浜市 西区（横浜駅周辺、みなとみらいなど）、横浜市 中区（山手、元町、石川町など）	6.5%
船橋市、鎌ケ谷市、習志野市	3.8%	船橋市、鎌ケ谷市、習志野市	4.2%
藤沢市、平塚市、茅ヶ崎市	3.7%	横浜市 青葉区（たまプラーザなど）	3.8%
鎌倉市、逗子市、葉山町	3.0%	武蔵野市	3.5%
さいたま市 浦和区	2.8%	横浜市 鶴見区、横浜市 神奈川区	3.4%
武蔵野市	2.8%	横浜市 港北区、横浜市 都筑区	3.4%
横浜市 戸塚区、横浜市 港南区、横浜市 栄区	2.8%	横浜市 旭区、横浜市 緑区、横浜市 瀬谷区、横浜市 泉区	3.2%
さいたま市 大宮区	2.7%	川崎市 中原区（武蔵小杉など）、川崎市 高津区（溝の口など）	3.2%
横浜市 港北区、横浜市 都筑区	2.6%	鎌倉市、逗子市、葉山町	3.2%
川崎市 多摩区、川崎市 宮前区、川崎市 麻生区（新百合ヶ丘など）	2.6%	藤沢市、平塚市、茅ヶ崎市	3.0%
さいたま市 西区、さいたま市 桜区、さいたま市 南区、さいたま市 北区	2.5%	さいたま市 西区、さいたま市 桜区、さいたま市 南区、さいたま市 北区	2.9%
市川市	2.4%	三鷹市	2.7%
三鷹市	2.3%	立川市	2.6%
調布市、狛江市	2.3%	横浜市 戸塚区、横浜市 港南区、横浜市 栄区	2.6%
横浜市 鶴見区、横浜市神奈川区	2.3%	千葉市 美浜区、千葉市 稲毛区、千葉市 花見川区	2.5%
横浜市 青葉区（たまプラーザなど）	2.3%	相模原市（橋本など）	2.5%
千葉市 美浜区、千葉市 稲毛区、千葉市 花見川区	2.1%	さいたま市 浦和区	2.3%
川崎市 中原区（武蔵小杉など）、川崎市 高津区（溝の口など）	2.1%	市川市	2.3%
松戸市	2.0%	川崎市 多摩区、川崎市 宮前区、川崎市 麻生区（新百合ヶ丘など）	2.3%
町田市	2.0%	越谷市	2.2%
横浜市 旭区、横浜市 緑区、横浜市 瀬谷区、横浜市 泉区	2.0%	川崎市 川崎区、川崎市 幸区	2.2%

資料：カルチャースタディーズ研究所＋三菱総合研究所「住みたい郊外調査」2019

●人口調整すると港北ニュータウンが1位

ただし回答結果は、居住者数が多い地域の人の回答が多めに出てしまう。横浜市に住んでいる人が多いから、首都圏全体でも横浜の人気が上位にくるのである。かつ人気の地域に住んでいる人ほど住みたい地域をたずねるアンケートに回答しやすいだろう。実際、本調査でも横浜市と23区の居住者の割合が実態よりも少し多い。

そこで、参考までに回答者を居住地別に集計し、住民基本台帳2019年1月1日における実際の当該地域の人口と回答者の居住地別人口との偏差を修正し、住みたい街として回答された数を割り戻してみた。その結果出てきた住みたい郊外ランキングが**図表2-3**になる。

1位は港北ニュータウンのある横浜市港北区・都筑区で3・9%であった。大東建託が2019年2月に、首都圏(東京都・神奈川県・埼玉県・千葉県)在住の61319名、1224駅を対象に、居住者の住み心地満足度調査を行った結果、1位は広尾、2位が市ケ谷、3位が港北ニュータウンのある横浜市都筑区の北山田駅だったが、それとも一致する結果である。

私のような人間からするとなぜ港北ニュータウンのような人工的な街が人気なのかまった

港北ニュータウンや武蔵野市が人気

図表2-3　住みたい郊外ランキング（居住地偏差調整前後）

調整前		調整後	
横浜市 西区（横浜駅周辺、みなとみらいなど）、横浜市 中区（山手、元町、石川町など）	6.0%	横浜市 港北区、都筑区（港北ニュータウンなど）	3.9%
上記以外（1都3県と茨城県南部以外）	5.6%	横浜市 西区（横浜駅周辺、みなとみらいなど）、横浜市 中区（山手、元町、石川町など）	3.6%
船橋市、鎌ケ谷市、習志野市	4.0%	武蔵野市	3.6%
藤沢市、平塚市、茅ヶ崎市	3.3%	藤沢市、平塚市、茅ヶ崎市	3.6%
武蔵野市	3.2%	三鷹市	3.5%
鎌倉市、逗子市、葉山町	3.1%	船橋市、鎌ケ谷市、習志野市	3.4%
横浜市 青葉区（たまプラーザなど）	3.0%	川崎市 中原区（武蔵小杉など）、高津区	3.2%
横浜市 港北区、都筑区（港北ニュータウンなど）	3.0%	鎌倉市、逗子市、葉山町	3.0%
横浜市 鶴見区、横浜市 神奈川区	2.9%	国立市	2.8%
さいたま市 西区、さいたま市 桜区、さいたま市 南区、さいたま市 北区	2.7%	さいたま市 西区、さいたま市 桜区、さいたま市 南区、さいたま市 北区	2.7%
横浜市 戸塚区、港南区、栄区	2.7%	川崎市 多摩区、宮前区、麻生区（新百合ヶ丘など）	2.6%
川崎市 中原区（武蔵小杉など）、高津区	2.6%	立川市	2.6%
さいたま市 浦和区	2.6%	川越市	2.4%
横浜市 旭区、横浜市 緑区、横浜市 瀬谷区、横浜市 泉区	2.6%	市川市	2.2%
三鷹市	2.5%	横浜市 旭区、横浜市 緑区、横浜市 瀬谷区、横浜市 泉区	2.2%
川崎市 多摩区、川崎市 宮前区、川崎市 麻生区（新百合ヶ丘など）	2.5%	川崎市 川崎区、川崎市 幸区	2.2%
市川市	2.3%	さいたま市 浦和区	2.2%
さいたま市 大宮区	2.3%	横浜市 戸塚区、港南区、栄区	2.2%
千葉市 美浜区、千葉市 稲毛区、千葉市 花見川区	2.3%	横浜市 鶴見区、横浜市 神奈川区	2.1%
調布市、狛江市	2.1%	横浜市 青葉区（たまプラーザなど）	2.1%

資料：カルチャースタディーズ研究所＋三菱総合研究所「住みたい郊外調査」2019

くわからないが、子育て期の若い専業主婦には、こういう新しくて清潔な街が好まれるのだろう。子どもなんてものは、もっと危ない自然の中でたくましく育てたほうがいいと思うが、そうは考えない人が多いらしい。

●人口調整後に上昇する街と下降する街

2位は横浜市西区・中区だが、調整前の6%から見れば3・6%と低い。吉祥寺のある武蔵野市と藤沢市・平塚市・茅ヶ崎市も3・6%で同点2位であるが、武蔵野市は調整前より高い。藤沢ブロックもやや増加している。

他に調整前より高くなったのは三鷹市、武蔵小杉のある川崎市中原区・高津区、国立市、川越市、市川市、川崎市川崎区・幸区である。中原区・高津区は、2019年10月の台風で浸水した地区が多いので、今調査したらもっと下位になるかもしれないが、だからといって今後人気が減り続けることはないだろうと私は予測している。

逆に調整後にランクが下がったのは、横浜市青葉区、旭区ブロック、鶴見区・神奈川区、戸塚ブロック、船橋ブロックである。

また「上記以外（1都3県と茨城県南部以外）」が調整後に下がったのは「上記以外（1都3県と茨城県南部以外）」と回答した人が23区居住者で多く、かつ23区居住者の回答者数が実際の人口割合よりも多かったからである。

●住みたいけど住めない国立市、武蔵野市、三鷹市、大宮区

住みたい市区町村として回答した人の数が、回答者中の地域別の人口1人当たりに対してどれくらいいるかを並べると、結果は**図表2-4**のようになった。いわば「住みたいけど住めない郊外」ランキングである。

予想では千代田区や中央区は実際の人口が少ないのに住みたい人が多いので、上位にくると思っていたが、1位は箱根町・湯河原町だった。居住者1人当たりの住みたい人が20人（20倍）という数字である。千代田区などは4位で8倍だった。

その他秩父、鎌倉ブロック、南房総ブロック、小田原も4〜5倍ほどであり、リゾート地、農村・漁村的な地域の人気が高い。「住みたいけど住めない」というより「いつか住みたい」と言ったほうが適切か。地方移住、2拠点居住への関心が高いとも言える。

リゾート地や国立、武蔵野が人気

図表2-4　住みたいけど住めない街ランキング

回答者中の居住者１人当たりに対して住みたいと回答した人の数

（倍）

1位	箱根町、湯河原町	20.0
2位	国立市	14.0
3位	武蔵野市	8.4
4位	千代田区、中央区、港区（神保町、神田、秋葉原、麹町、飯田橋、銀座、赤坂、六本木、広尾、白金など）	8.0
5位	秦野市、伊勢原市	7.5
6位	新宿区（神楽坂、高田馬場など）	7.3
7位	文京区、豊島区（本郷、谷中、池袋など）	7.1
8位	三鷹市	6.6
8位	さいたま市 大宮区	6.1
10位	秩父市	5.5
11位	立川市	5.1
12位	横浜市 西区（横浜駅周辺、みなとみらいなど）、横浜市 中区（山手、元町、石川町など）	4.8
13位	さいたま市 浦和区	4.8
14位	鎌倉市、逗子市、葉山町	4.6
15位	南房総市、鴨川市、館山市	4.3
15位	小田原市	3.7
17位	渋谷区、目黒区、世田谷区（恵比寿、代官山、自由が丘、三軒茶屋、下北沢など）	3.7
18位	浦安市	3.7
19位	さいたま市 中央区	3.3
20位	国分寺市	3.3
21位	台東区、墨田区、江東区（上野、浅草、豊洲、清澄白河、門前仲町、錦糸町など）	3.0
22位	中野区、杉並区（阿佐ヶ谷、高円寺、西荻窪など）	3.0
23位	千葉市 中央区	2.9
23位	横浜市 南区	2.8
25位	川越市	2.6
26位	横浜市 青葉区（たまプラーザなど）	2.6
27位	品川区、大田区（大森、蒲田、大井町、武蔵小山など）	2.5
28位	守谷市、つくばみらい市	2.5
29位	横浜市 港北区、横浜市 都筑区	2.4
30位	調布市、狛江市	2.1

注：秩父市は回答者中の居住者が０だったのでダミーとして居住者２人として計算した。
資料：カルチャースタディーズ研究所＋三菱総合研究所「住みたい郊外調査」2019

いわゆる郊外住宅地だけを見ると、国立市が14倍で堂々の1位。街はきれいで教育環境も商業環境も良い。最近は若い人たちがセンスの良い新しい店をつくり、地域をもり立てる活動もしている（視点2参照）。だが、毎日通勤するには中央線特別快速が停まらず遠い。いつかは住みたいが現実には住めない街の代表だ。

郊外の2位は武蔵野市で8・4倍。住みたいが家賃も高いので住みづらいのだろう。以下、都心の区を挟んで三鷹市、さいたま市大宮区、立川市、横浜市西区・中区、さいたま市浦和区、浦安市、さいたま市中央区、国分寺市となっており、中央線と大宮・浦和方面の人気が高いことがわかる。

リクルートのＳＵＵＭＯの調査だと２０１９年は大宮が吉祥寺に次いで4位と躍進し、浦和も8位にランクインしたが、それにも対応した結果である。

●取手や座間ならすぐに住める

20位台では、千葉市中央区、横浜市南区、川越市、横浜市青葉区、守谷市・つくばみらい市、横浜市港北区・都筑区、調布市・狛江市が挙がっている。郊外の中でも商業施設が多く、

都心から遠い郊外は人気がない

図表2-5　住みたくなくても住める郊外

回答者中の居住者１人当たりに対して住みたいと回答した人の数

(倍)

88位	取手市	0.86
89位	座間市、大和市	0.85
90位	勝浦市、富津市、いすみ市	0.75
91位	久喜市、幸手市、白岡市	0.74
92位	牛久市、龍ケ崎市、土浦市	0.71
93位	八街市、富里市	0.50

資料：カルチャースタディーズ研究所＋三菱総合研究所「住みたい郊外調査」2019

中核的な市区の人気が高いと言えるだろう。

逆に、住みたいと回答した人の数が実際の人口よりも少なかったのは、**図表２‐５**の通りだ。取手市、座間市、大和市、勝浦市・富津《ふっつ》市・いすみ市、久喜市・幸手《さって》市・白岡市、牛久市・龍ケ崎市・土浦市、八街《やちまた》市・富里市である。つまり、都心から遠く、住みたいと思わなくてもいつでも住める地域だと言える。

なお、本来であればすべての回答についてこうした調整を行うべきであるが、居住地の調整だけでデータが整うとは限らない。ある地域の居住者に女性が多かった、40代以上が多かった、高学歴が多かったなどの理由で回答結果は変動する。それらをすべて修正するわけにはいかないので、これからの集計は住民基本台帳人口による調整などは行わないまま解説する。

●23区から人口を奪えるのは地方である

次に、住みたい郊外小分類（質問の選択肢と同じ）別に、回答者が23区に居住している割合を見てみた（回答者20人以上の地域のみ）。言い換えると、23区に居住している人が住みたいと回答している割合が高く、23区から人口を吸収できる可能性があることを意味する。

図表2‐6の通り、1位は先ほどと同様、箱根町・湯河原町である。住みたいと回答した人のうち23区居住者が45％だった。たしかに、箱根あたりに住んで週1回くらい都心に出てくるという「働き方改革」を望む人は多いだろう。

2位は「上記以外」、すなわち東京、千葉、埼玉、神奈川、茨城以外の、地方移住希望者である。地方移住希望者のうち24％は23区居住者だったのである。

3位は小田原市。このように、23区居住者は、基本的には今後も23区内に住みたいと思っているが、将来的には箱根・湯河原、小田原、さらにはもっと地方に移住してネットを使って仕事をするといったライフスタイルを希望しているのであろう。

23区に近い地域は23区から人口を奪う可能性がある

図表2-6　23区から郊外への転出可能性ランキング

住みたい郊外小分類別・現在の居住地が23区内の割合
（回答者数20人以上の地域）

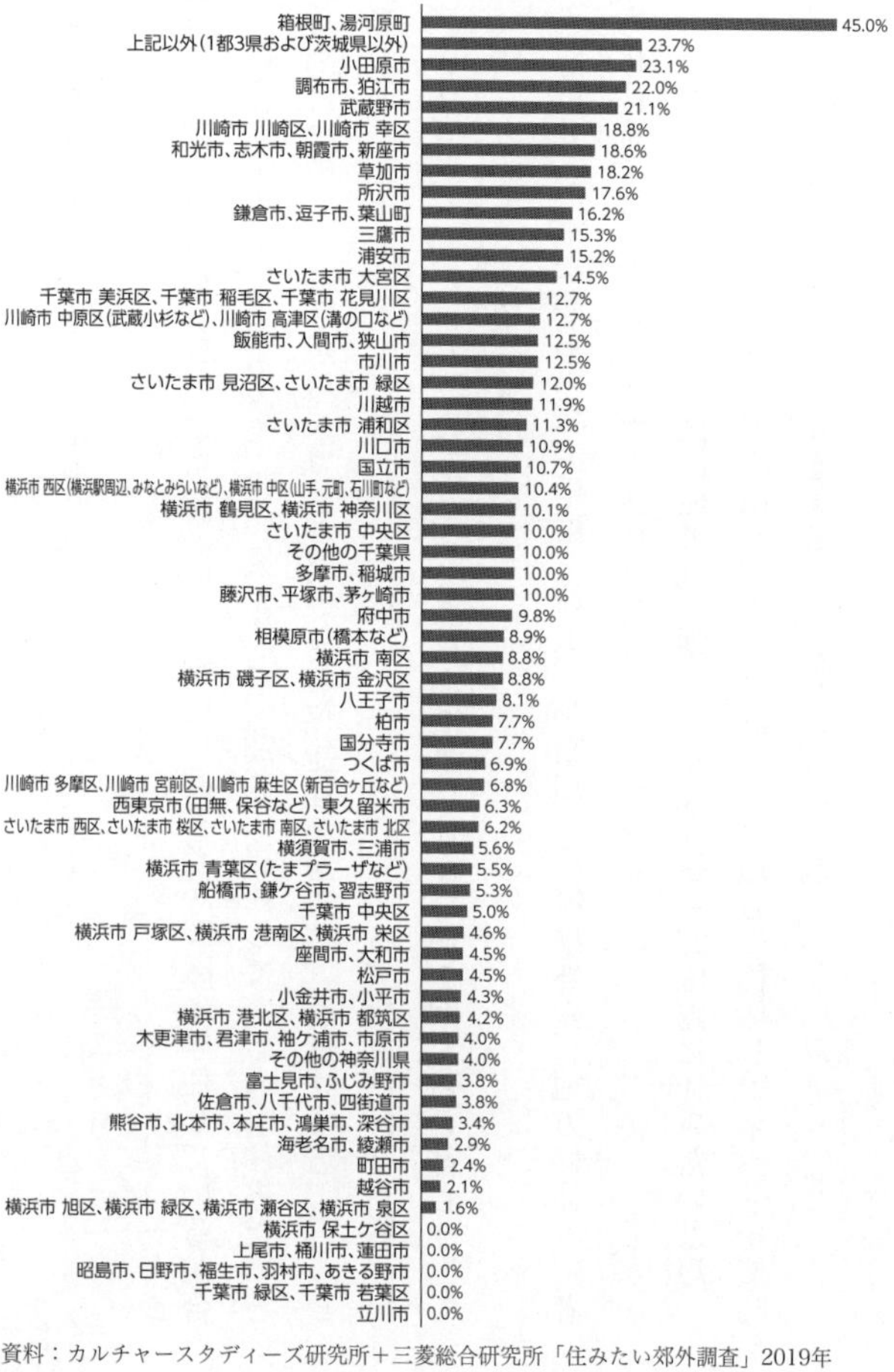

資料：カルチャースタディーズ研究所＋三菱総合研究所「住みたい郊外調査」2019年

●調布、狛江、和光、草加、所沢に戻りたい23区民

４位以下にようやく郊外が登場する。まず調布市・狛江市である。23区に隣接し、新宿からなら非常に近く、かつ商業・文化施設もあるのが人気の理由だろう。また最近おしゃれな街に変貌してきた仙川が調布市であることも一因か。調布市・狛江市に住みたいと回答した人の22％が23区居住者である。

次いで武蔵野市で21％。川崎市川崎区・幸区、和光市が19％、草加市が18％と、23区に隣接した市区が並ぶ。和光市は和光市駅から有楽町線、副都心線の始発電車があるのが魅力である。それ以下でも三鷹市、浦安市、川崎市中原区・高津区は23区に隣接し、三鷹市はそのまた隣である。

そんな中、23区にまったく隣接しない所沢市が18％で上位にランクインしているのは注目に値する。所沢市の西側の飯能《はんのう》市・入間《いるま》市・狭山《さやま》市も13％でがんばっている。

この理由はよくわからない。あえて言えば、副都心線が西武池袋線に乗り入れたために、所沢・飯能方面から新宿、渋谷にもアクセスが良くなったためであろう。現在23区内に住む、

おそらく所沢方面出身者が、地元に戻ってもいいかなと思い始めたのかもしれない。

●立川に住みたい人はゼロ

対して、立川市は住みたい人の中では23区居住者が意外にもゼロだった。保土ケ谷区、上尾ブロック、昭島ブロック、千葉市緑区・若葉区もゼロであるが、それはまあ納得できる。だが三多摩での拠点性が強く、中央線特快に乗れば都心にも近い立川が23区居住者の引っ越し先に選ばれないのは不思議である。

これはおそらく、立川に住みたいと回答したのは周辺住民が中心だということである。集計してみると、立川市に住みたいと回答したのは中央線沿線の三多摩居住者が26%、西武線沿線の三多摩居住者が13%、八王子・奥多摩が13%、府中・調布が9%、所沢・西武線沿線が9%となっている。

立川駅前は再開発が完成し始めてから30年近く経ち、すでに地価も高く、今後の成長性にはあまり期待できないという予測が23区居住者にはあるのかもしれない。あるいは、せっかく郊外に住むならもっと駅前がゆったりしたところがよい、という気持ちもあるかもしれない。

●23区への「ステップアップ」で人口を奪われる街

反対に、現在の居住地別に「23区に住みたい」と回答した人の割合が高い地域を見るとどうなるか。要するに、23区に人口を流出させる可能性が高い地域のランキングである。

結果は**図表2-7**の通りである。三多摩中央線（立川・武蔵野・三鷹・小金井・国分寺・国立）が46％で1位。2位は府中・調布で44％。3位は田園都市線・港北NTで41％。以下、三多摩西武線（小平・清瀬・東久留米・西東京）、松戸、川崎市都心部・南武線沿線、茨城南部、船橋・習志野、東上線が30％以上となった。

つまり、現在23区に比較的近い郊外、あるいは比較的人気のある地域に住んでいる人がさらなるステップアップを望んでいるケースが多いと言える。三多摩中央線や三多摩西武線は23区から人口を吸収する可能性の高い地域だが、反対に人口を奪われる可能性も高いことになる。

また府中・調布については、他の三多摩主要部に引っ越したい人も多い。府中は伊勢丹の

人気郊外に住む人ほど23区に引っ越したい人

図表2-7　郊外から23区への転出可能性ランキング

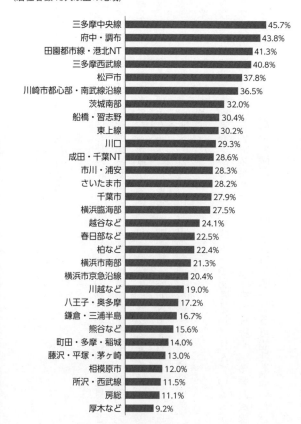

居住地中分類別・23区に住みたい人の割合
(居住者数40人以上の地域)

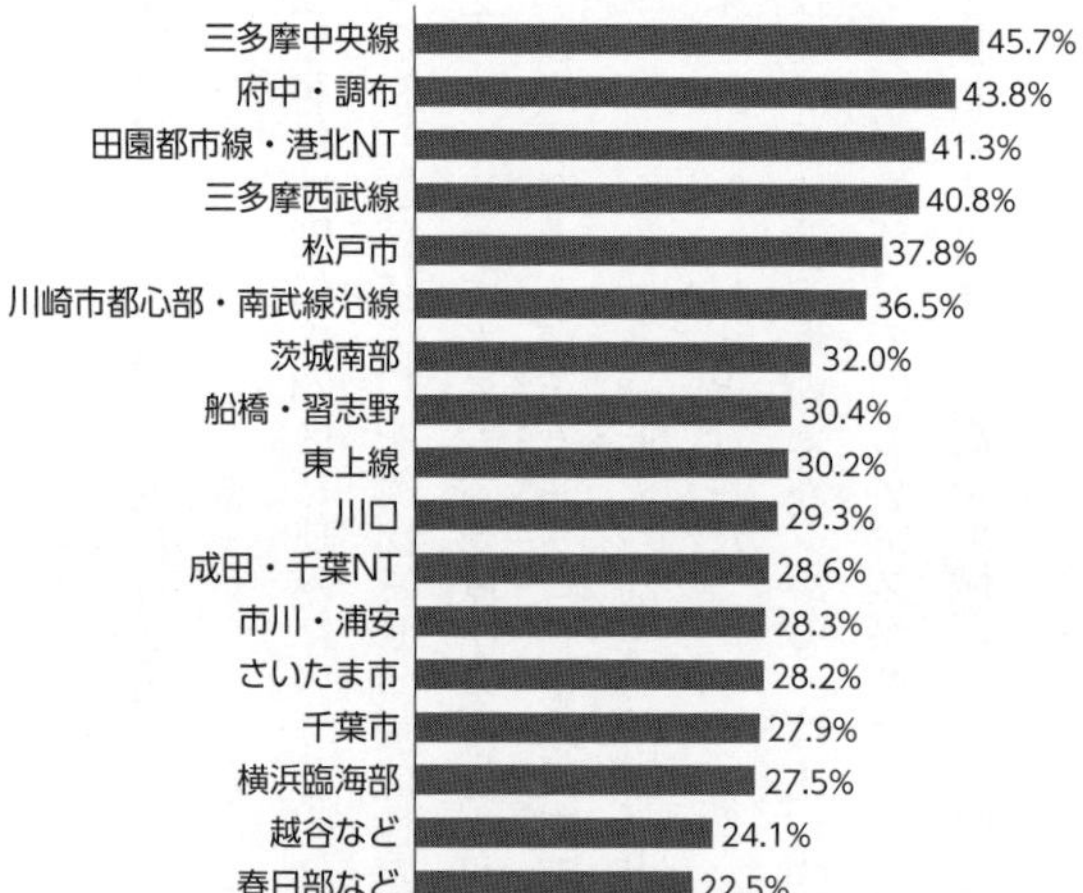

資料：カルチャースタディーズ研究所＋三菱総合研究所「住みたい郊外調査」2019

撤退などにより、魅力を減らしている可能性もある。

茨城県南部で23区希望者が多いのは、筑波研究学園都市で研究をして働く人たちの多くが、将来的には東京の職場に戻り、自宅も23区内に引っ越したいと考えているのではないかと思われる。

逆に23区内に住みたい人の割合が少ないのは、厚木、房総、所沢・西武線、相模原市、藤沢・平塚・茅ヶ崎、町田・多摩・稲城、熊谷、鎌倉・三浦半島である。

厚木、熊谷は、製造業の工場など各地域の地元企業などで働いている地元民が多いようであり、特に23区内を希望しないのだと思われる。

藤沢ブロック、鎌倉ブロックは、地域にブランド性があり、湘南暮らしを楽しんでいる人が多いのだろうから23区を希望しない。

所沢・西武線、相模原市、町田ブロックについてはなぜ23区希望者が少ないのか、ちょっとわかりにくいが、厚木などと同様、地域の地元企業などで働いている人が多いのだろうか。あるいは、すでにそれなりの商業集積もあり、生活も不便ではなく、緑も多い、といった郊外としての成熟度の高い地域だからかもしれない。

また先ほど見た、住みたい郊外別の23区居住者割合では、所沢ブロックが上位にきたので、所沢ブロックは23区から引っ越したい人が多く、かつ23区に引っ越したい人は少ない地域だと言える。

だが現状では、所沢ブロックに23区からたくさん人が引っ越しているようには思われない。潜在的な能力はあるが、まだその能力を発揮していないとも言えるだろう。駅前にタワーマンションをどんどん建てるのもよいが、交通面での都心へのアクセス改善が求められる。西武新宿線の東西線地下鉄乗り入れができればベストだが。

もちろん西武グループも所沢などを核とした沿線振興にはようやく積極的になってきた。所沢駅周辺では2018年、西武グループが駅東口に商業施設「グランエミオ」を開業。19年11月には既存の西武所沢店を、百貨店と専門店を組み合わせた「ハイブリッド型ショッピングセンター」である「西武所沢ショッピングセンター」として開業した。

また西武鉄道が、17年に導入した新型車両は車いすやベビーカー利用者に配慮し、全体の3分の1のスペースから座席を取り払い、空気清浄機も装備。19年3月に投入した新型特急車両「ラビュー」ではソファのような座り心地の座席、自然を大パノラマで眺望《ちょうぼう》できる大きな窓など、リビングルームに居るようにして旅に出かけることを目指した。

20年1月23日には、所沢市にある西武園ゆうえんちの改装を発表。ユニバーサル・スタジオ・ジャパンの再建をした森岡毅《つよし》氏率いるマーケティング会社「刀」の協力により、1960年代の日本をイメージした昭和レトロの街並みを再現し、2021年の新装を目指すという。

これに加えて所沢市内に早稲田大学附属中学、高校などができれば文句なしだろうが、どうだろう。

視点2【駅前集中型再開発の終わり】

京王線、小田急線はどこまで発展するか

調布や府中が「理想的郊外住宅地」だった

調布が「理想的郊外住宅地」のランキングで4位になったことがあった。1916年（大正5年）に国民新聞社が行った人気投票である。

調布は古代、税金である租庸調の調（物納）として布地を朝廷に納めたことから、その名がついている。深大寺《じんだいじ》、神代《じんだい》植物公園、多摩川、野川などがあり、歴史があり、自然は豊かである。1916年当時はもっと自然が豊かであったろうから住みたい郊外4位も当然だろうか。

この人気投票での3位は千葉県の我孫子《あびこ》、2位は同じく千葉県の市川、そして1位が府中だった。我孫子はかつて手賀沼が美しく、武者小路実篤の新しき村もあった。市川は言わずと知れた東の鎌倉であり、文人墨客も多く住んできた。府中は武蔵国の国府であり、大國魂神社があって、欅《けやき》並木も立派であり、1位というのもうなずける。

5位は、鳩ヶ谷。かなり意外だろうが、鎌倉街道、日光御成道の宿場町として栄えていたので、今で言うところの川越のような町並みがあったのだろうか。

6位は石神井。石神井池の周辺の美しさは今も住みたい住宅地の条件を満たし、人気が高い。

7位は立川。当時はまだ「基地の街」ではなかったので、玉川上水や多摩川沿岸は豊かな自然があったのであろう。

8位は小金井。ここも野川沿いのはけの道(視点7で詳述)がのどかである。水の良さは定評がある。当時は川沿いに田んぼもあっただろう。

9位が浦和。浦和は今も文教都市として人気があるが、大正5年なら旧制浦和中学もできていて、文教都市としての歴史を歩み始めていたはずだ。中山道の宿場町でもあり、経済的にも栄えていた。

10位は白子村。埼玉県北足立郡に存在した村だが1943年(昭和18年)に新倉村との合併による大和町の成立により消滅。現在における和光市の南東半分にあたる。白子村については私には土地勘がないのでわからない

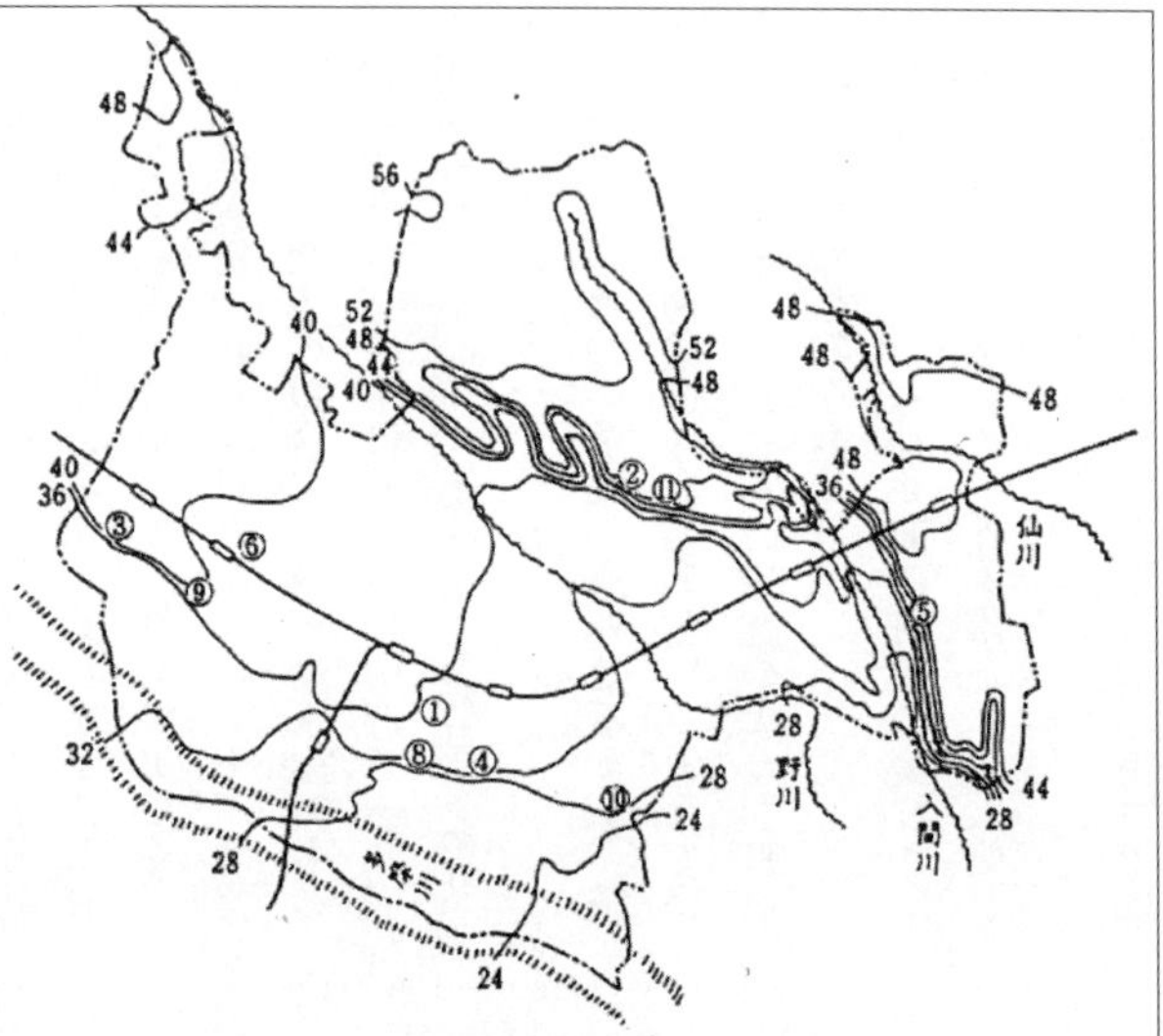

図版4　調布・神代地区の地形概念図と別荘所在地

図中の数字は等高線（メートル）を示す

別荘名または所有者

①天野為之	（布田四丁目）
②田中銀之助→⑦井伊直忠	（佐須町五丁目）
③安藤直雄	（飛田給二丁目）
④桂別荘	（布田六丁目）
⑤熊谷別荘	（若葉町三丁目）
⑥外松別荘	（上石原一丁目）
⑦井伊直忠	（②に同じ）
⑧新田義美	（布田六丁目）
⑨真木平一郎	（上石原二丁目）
⑩立花別荘	（国領町七丁目）
⑪池貝別荘	（柴崎二丁目）

大正時代の別荘の分布図（『調布市史』より）

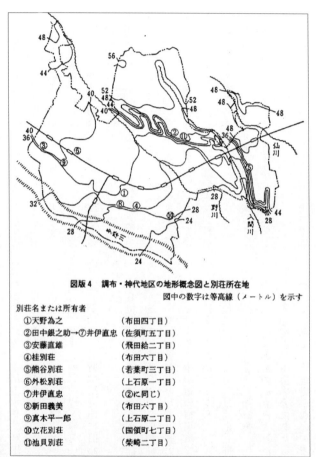

が、荒川沿いでのどかな場所だったのではないか。

別荘地だった調布

深大寺は奈良時代、７３３年（天平５年）に創設された。東京都では浅草の浅草寺に次ぐ古いお寺である。国分寺崖線の崖面に建ち、境内に複数の湧水があり、湧水を利用した「不動の滝」は「東京の名湧水57選」に選定されている。釈迦堂に安置されている銅造《どうぞう》釈迦如来倚像《いぞう》は、関東地方には数少ない古代の仏像だという。もちろん門前町の深大寺そばも有名だ。

多摩川も、江戸時代の『江戸名所図会』に武蔵国の「第一の勝概《しょうがい》（＝すぐれた景色）」と記された古くからの景勝地だった。１９１３年（大正2年）、「京王電車」が開通すると多摩川沿いには鮎漁案内所や料亭、旅館などが立ち並ぶようになり、家族向けの水泳場や「京王閣」などのレジャー施設も整備され、多くの人々が訪れる行楽地となった。

１９１４年（大正３年）発行のガイドブック『調布案内』には、多摩川の「はけ」（段丘）の上の鮎料理で有名な「玉華園」の他、「玉翠園」「塚善」「玉川亭」「水月亭」「新川亭」等の「鮎漁案内所」が記載されているという。人気投票の行われた当時は「はけ」の上から富士山が見えたろうし、「はけ」の下にはワサビの田んぼが広がっていたというから、いかに水がきれいだったかがわかる。

１９１０年代というと関東大震災前だから、まだ調布のような郊外で人口が急増する時代ではない。住宅地というより別荘地としての需要が多かった。別荘を構えた人の名前を例示すると、早稲田大学学長の天野為之、安藤直雄男爵、桂太郎公爵、新田義美男爵など。鉱山経営者の田中銀之助が買った別荘は、その後彦根藩主直系の井伊直忠に受け継がれ、その建物の一部は晃華学園内で長く保存されていたという（今はない）。また新田邸では、カーネーションの温室栽培が行われたほか、弓道場があり、舞踏会も開かれるなど、今からは想像もできない上流階級の暮らしが繰り広げられたそうである。

国際的に活躍する建築家が調布に

この調布に最近、新しい動きがある。2019年5月、調布市富士見町に建築家・菅原大輔さんの事務所兼カフェ「FUJIMI LOUNGE（フジミラウンジ）」ができたのだ。菅原さんは10カ国22都市のプロジェクトを坂《ばん》茂《しげる》事務所などで担当し、帰国後に独立した。「物語る風景」をキーワードに、建築だけでなく、まちづくり、ブランディングから被災地支援に至るまで多岐にわたって活躍。ローカルな仕事でグローバルな価値を目指すその活動が評価され、国内外30以上の受賞実績がある。

そういう経歴なら青山あたりに事務所を開きそうなものだが、自宅を川崎市のマンションから富士見町に引っ越したということもあって、事務所も同じ町内で開いた。自宅と仕事場が近いほうが好きであり、満員電車が嫌い。「新宿で乗り換えるのが苦痛」という

調布にできたFUJIMI LOUNGE

話題で私と盛り上がった。私もたとえば調布から、自宅のある西荻窪に帰るのに、新宿乗り換えではなく、明大前、吉祥寺で乗り換えるほうを選ぶからだ。郊外のおだやかでゆったりした気分を、新宿の大混雑の中で阻害されたくないのである。

菅原さんは都心居住ではない、地域とつながったライフスタイルをつくりたいという思いがある。最近は「micro public network」という考え方を提唱し、全国で地域活性拠点群をモビリティー（交通手段）でネットワークさせるまちづくりの活動も行っている。それもあって、都心より調布に事務所を開くほうがやりたいことができそうだったのだ。

もともと酒屋だった空き店舗を見つけ、リノベーションして、２階が事務所、１階がカフェ、地下は「まちの工作室」（工具や材料サンプル、レーザープリンターなどが備えられた工作室。地域の人が、日曜大工や工作ワークショップなどに使用できる）とした。3階のベランダからは深大寺などの緑豊かな景色が広がる。まさにFUJIMI LOUNGEは、設計事務所の足元に設けられた調布の魅力ある点を結び合わせるmicro public networkの実証の場でもあるのだ。

増える空き家を自転車でネットワークする

調布市は、『ゲゲゲの鬼太郎』の水木しげるが生前住んでいたが、朝ドラ『ゲゲゲの女房』が放送されたこともあって、そのことが全国に知られた。深大寺門前にも「鬼太郎茶屋」があるなど、人気が増している。

そういう中、近年、調布市でも空き家が目立ち始めた。1960～70年代にできた住宅が、代替わりの時代に入ったからだ。調布市では平成29年4月に都市整備部に空き家施策担当を設け、近年空き家の実態調査を行い、2038年には市内の空き家数が2万3751棟、住宅総数の14%になると予測。それを踏まえて2020年4月にスタートする調布市空き家等対策計画の準備を進めている。

深大寺地区は観光・商業振興と連携した空き家活用を、富士見町はもともと子ども食堂、お祭りなどの地域活動が盛んなため、子どもや高齢者の居場所づくりなどの空き家活用の実現を目指し、昨年度、調布市が空き家利活用提案プロジェクトを立ち上げ、地域連携の取り組みを始めた。

ちょうどそこに菅原さんが来た。地元住民が、FUJIMI LOUNGEという新しいものができて、意欲的な建築家らしいとの情報を市の空き家施策担当の松元さんに伝えると、早速菅原さんと市のコラボレーションが始まった。11月には「空き家×カフェスタンプラリー」が開催された。「調布の魅力」をテーマに、調布にも増えてきた、リノベーションによる空き家再生をした魅力的なカフェやフォトスポットなどを巡るスタンプラリーである。空き家関連の「トークセッション」や、調布の魅力ある風景を撮影した「フォトコンテスト」も同時開催した。

空き家カフェとスタンプラリーをやってみての感想として、菅原さんは「今回のイベントでは、シェアサイクルを利用することで、空き家カフェや観光地の回遊ルートをつくったので、利用者からは、街の見え方や移動の感覚が変わったという意見をもらった。空き家カフェ相互の間は徒歩だとかなりの距離があり、バス路線ではつながっていなかった。しかし、シェアサイクルでネットワークされることで、気軽に選択できる地域の社交場、あるいはワークプレイスとして見ることができるようになった。地域に点在する空き家を交通や交流の拠点に改修、活用することで、街全体の経済活動と日常生活をいきいきとさせる新しい社会インフラとなるポテンシャルを感じた。大規模再開発とは異なる、場所の風景を更新する都市開発の手法ともいえるでしょう」と語る。

深大寺周辺でのサイクリング

京王線沿線の新しい動き

調布市は京王線で新宿から近く、仙川駅周辺は近年、安藤忠雄の設計した多目的ホール付きのビルや、猿田彦珈琲といった人気店もできるなど、商業・文化的に発展している。

沿線の下高井戸駅は古い商店や味に定評のある飲食店が多く、名画座の映画館もあるなどコアな人気がある。世田谷線に乗れば三軒茶屋であり、そこでまた乗り換えれば世田谷美術館も行きやすい。

芦花公園駅は名前の通り徳冨蘆花の自邸だった場所が自然と文化の感じられる公園になっているほか、世田谷文学館では毎回マンガ、SF小説、デザインなどまで分野を広げた意欲的な展示がされており、私もほぼ毎回観覧に行く。だから私は、今気に入って住んでいる西荻窪からあえて引っ越すならどこかと聞かれると、下高井戸と答えることにしているほどである。

　調布駅は鉄道の地下化をしたが、地上に高層ビルを建てる予定はなく、広場などとして整備していく計画らしい。シェアオフィスも増えており、在宅勤務、ノマドワーカーなども住みやすい環境が整ってきている。多摩川、野川も近く、歴史も自然も豊かであり、気分をリフレッシュする場所は多い。気分をリフレッシュする場所が多いのは、郊外で住んで働くことの大きなメリットである。

駅前集中型から沿線分散型へ

　従来型の再開発では、郊外の主要な特急停車駅などの駅前に大型のショッピングセンターをつくり、核テナントとして大手百貨店やスーパーが入居し、駅前でワンストップで何でも揃うというのが売り物だった。音楽ホールなどの文化施設も、そうした駅に集中しがちだった。最近はそこにタワーマンションがセットになっている。

　この種の開発は、首都圏では１９７０年代に、吉祥寺、柏、松戸、船橋、浦和などが先《せん》鞭《べん》を付けたと言えるが、それから40年以上経って、もはやその手法は時代遅れになっている。

　まず、買い物自体がネットで済ませられるようになった。ネット自体がワンストップで何でも買えるモールなのだ。だから、駅前にワンストップ型の商業施設が整備されても昔ほどメリットがない。最大公約数的な商品を

人気のカフェが並ぶ京王線仙川駅周辺

並べた商業施設では、自分の欲しいものがない可能性も高いのだ。

これからは、一つの駅に商業・文化を集中させるよりも、沿線全体の各駅を個性的に開発していく時代であろう。美味い店と古い映画館のある下高井戸と文学館のある芦花公園と深大寺のある調布というようにである。

かつ、各駅でも駅前だけでなく、駅から離れているからこそできる、より個性的な店が散在していることが求められる。それにより、商業も文化も歴史も自然も全体に楽しめるようになり、沿線価値自体が上昇するのである。

調布に限らず、小金井でも、吉祥寺でも、国立でも、最近できたカフェやショップは、必ずしも駅周辺にはない。むしろ遠いところにできている（視点7参照）。遠いところほど家賃が安くて好きな店がつくれるから個性豊かになり、飲食店だと家賃ではなく料理そのものにお金をかけられるようになるから必然的においしくなる。

雑誌の街歩き特集を見ると、吉祥寺特集では駅前の店はほとんど取り上げられておらず、後述する中道通りすらほとんど取り上げられていない（視点５参照）。国立特集でも谷保駅周辺の店が多数紹介されている。

雑誌の『散歩の達人』やテレビ番組の『出没！　アド街ック天国』『モヤモヤさまぁ～ず２』、漫画原作でテレビ化された『孤独のグルメ』などの影響もあるかもしれないが、大きな街の大きな施設ばかりを注目するのではなく、小さな街の小さな店や場所、チェーン店ではない個人店やこだわりの店、古くからの中華料理店（町中華）など珍しいものを取り上げることに人々が関心を持つ時代なのである。

中央線の魅力は沿線全体の力

このように、一駅集中型ではない沿線全域型の開発が比較的自然に行われてきたのが中央線の中野から吉祥寺まででであろう。最初は１９７０年代に吉祥寺の商業開発が大規模に行われ、中野ではサンプラザなどができ、80年代に入ると荻窪の再開発でタウンセブンやルミネができ、その後、高円寺、阿佐ヶ谷、西荻窪にそれぞれの街に相応しい個性的な店が集積、中野では高級マンションだったブロードウェイがマンガの聖地となった。

さらに近年は、三鷹駅から立川駅までが高

架化されたことを契機として、武蔵境から国立までのガード下を中心として「nonowa(ののわ)」というプロジェクト名で開発されてきている。これまでの駅周辺開発ではない個性的な店が誘致されたり、起業のためのスモールオフィスの整備なども行われている(nonowaは武蔵野の輪・和の意味)。そのためか、nonowaに直接関係したものでなくても、従来にはない店が沿線に増えてきた。

西国分寺にびっくりするとは!

私がフェイスブックでなぜだかつながった西国分寺の居酒屋があるが、毎日おいしそうな魚料理の写真をアップしているので行ってみた。ついでに最近やはりフェイスブック上でリノベーション関係者などに話題の、クルミドコーヒーという店にも行ってみることにした。

居酒屋のほうは期待通りのおいしさだったし、クルミドコーヒーも超絶おいしかった。ケーキが今まで食べたことがないほどおいしく、ミルクも砂糖もそれだけで食べてしまったほどおいしかった。この2店のために西国分寺にまた来たいと思わせるほどだった。

私は学生時代に西国分寺駅近くに住んだことがあるが、当時は駅前からすぐに雑木林で、アパートまで店はまったくなく、あるのはファミリーレストランだけという街であった。それからバブル時代以降に住宅が増えたのだが、こういうおいしい飲食店ができるほどまで発展したとは驚きだった。

各駅がそれぞれの個性を持ってこれだけ発

展すると、立川や吉祥寺にはもうあまり行かなくなるだろう。どうしてもいろいろな商品を直に見て比較するためにパルコや伊勢丹やヨドバシカメラに行くとかでない限り、行く理由があまりない。あるいは自分が気に入った個性的な店だけに行く、ということになろう。

小田急線もがんばり始めた

小田急線でも今までは沿線全体を盛り上げる施策は少なかったように思われるが、近年、下北沢駅の地下化に伴い、東北沢駅から世田谷代田駅までをひとつながりにしようとしているのは注目される。

下北沢から東北沢の真ん中あたりに「空き地」（ツバメアーキテクツ設計）というイベントスペースができた。普段は公園のように開放され、演劇・ライブやマーケットのようなイベントが行われる。

下北沢駅の駅上には「シモキタエキウエ」という商業ゾーンがオープン。吉祥寺ハモニカ横丁で名を馳せた手塚一郎氏がここでも隈研吾事務所設計の飲食店「ゴリラ」を開業した。

また下北沢駅地上の世田谷代田側には、ツバメアーキテクツ設計の木造の長屋のような商店街「BONUS TRACK（ボーナストラック）」がつくられている（２０２０年４月開業予定）。

下北沢では近年賃料が高騰していて主に大手テナントしか参入しづらい状況になってきており、個性的な商店の連なりがつくる下北沢らしい街の風景が失われつつある。そこで、ツバメアーキテクツでは、再開発で街を大きく変えてしまうのではなく、もともとの下北沢らしさを維持するべく施主と協議しながらこの街区の設計を行ってきた。

そのため、従来の木造密集地域の商店街の良さを取り入れ、2階建て10店舗の店を連ね、1軒当たり平均9坪15万円という低家賃にした。また店を出すだけでなく2階に住める職住一致型にすることで、面白い個人店が入れるように企画されている。それらより少し大きめの区画もあり、食堂などが入る。

また各テナントが外装を張り替えられる部分を設けたり、屋外にはみ出せるようにしたりするなど、入居者が積極的に街並みに関われるように、ツバメアーキテクツがエリアマネージメントとしての内装監理業務も行なうという。

工事中の現場を見たが、下北沢らしいザワザワとした、自由で、ちょっとアナーキーな雰囲気を新しい開発の中でも取り入れていこうというものであり、とても評価できる。

また「BONUS TRACK」のテナントミックスの仕方についてはソーシャルデザインをテーマにしたウェブマガジン「green's（グリーンズ）」や下北沢の書店B&Bのメンバーらによる新会社の散歩社がマスターリースとして入るなど、小田急電鉄だけではできない新しさを追求している。

「BONUS TRACK」周辺では、他にも保育園、宿泊施設など、いくつかのプロジェクトが進行中である。このような一連の施策により、東北沢から下北沢を経由して世田谷代田までの3駅間がひとつながりになる。そうなるとさらに代々木上原まで歩いちゃおうとか、梅ヶ丘まで散歩しようといった行動が誘発されるはずであり、それによりまた新しい店ができるなどして、沿線全体の魅力を向上させて行く可能性は高い。

＊　＊　＊

ここで取り上げた事例は、都心からまだそれほど遠くない郊外であるが、たとえば調布から府中を経て聖蹟桜ヶ丘、上石神井から東村山を経て所沢、市川から本八幡、船橋を経て津田沼、川口から北浦和を経て大宮盆栽美術館まで、などなど、各駅の魅力をつなぎながら沿線分散型の開発をしていくことは可能であろう。

隈研吾事務所設計の飲食店「ゴリラ」

ツバメアーキテクツ設計の BONUS TRACK

第3章

台頭する新しい拠点
～居住地別に見た「住みたい郊外」～

この章のポイント

① 海老名、船橋、市川、越谷、和光の人気
② 春日部・厚木は他地域に人口転出
③ 印西市に住みたいのは茨城県民

●和光市が台頭

これまでの私の調査経験では、今後住みたい市区町村は、現在住んでいる市区町村、地域とあまり変わらないのが普通である。

もちろん23区に引っ越したい人はどの地域にもいるが、23区に引っ越せないなら、だいたい今住んでいる市区町村かその周辺、あるいは実家の近くなどにしか引っ越さない人がほとんどである。県を超えて引っ越すことはあまりない。

逆に、前章で見たように、すでに23区に住んでいる人が、子どもができたことなどを理由に引っ越す場合は、親が周辺3県などにいる場合、親の居住地と勤務先の中間、あるいは23区に隣接した市域などに住みたいと考えることが多いようである。

そこで以下では、居住地別に集計を行う。

まず、単純に居住地別の住みたい郊外を集計したのが**図表3－1**である。

東京23区居住者は23区以外への引っ越しをほとんど考えていないので値が5％未満と低いが、23区以外の1位は「上記以外」、つまり1都3県および茨城県以外である。23区内に住

現住地域内に住みたい人がほとんど

図表3-1　居住地大分類別・住みたい郊外

（人）

三多摩	262
23区	30.2%
武蔵野市	16.0%
府中市	13.4%
立川市	12.2%
八王子市	11.1%
三鷹市	11.1%
調布市、狛江市	10.3%

神奈川県	604
23区	26.3%
横浜市 西区、中区	15.7%
藤沢市、平塚市、茅ヶ崎市	10.9%
横浜市 鶴見区、神奈川区	9.2%
横浜市 港北区、都筑区	9.2%
横浜市 戸塚区、港南区、栄区	9.0%
横浜市 青葉区	8.9%
横浜市 旭区、緑区、瀬谷区、泉区	8.5%
川崎市 中原区、高津区	7.9%

23区	679
23区	93.2%
上記以外	4.7%
武蔵野市	2.4%
横浜市 西区（横浜駅周辺、みなとみらいなど）、横浜市 中区（山手、元町、石川町など）	2.2%
鎌倉市、逗子市、葉山町	1.8%
調布市、狛江市	1.6%

埼玉県	427
23区	23.7%
さいたま市 西区、桜区、南区、北区	12.1%
さいたま市 浦和区	11.2%
さいたま市 大宮区	9.1%
川口市	9.1%
越谷市	9.1%
和光市、志木市、朝霞市、新座市	6.5%
川越市	6.3%

千葉県	377
23区	26.8%
船橋市、鎌ケ谷市、習志野市	22.2%
市川市	12.1%
千葉市 美浜区、稲毛区、花見川区	11.3%
松戸市	9.5%
千葉市 中央区	8.7%
千葉市 緑区、千葉市 若葉区	7.9%
柏市	7.9%
佐倉市、八千代市、四街道市	6.3%

茨城県	50
23区	32.0%
つくば市	34.0%
牛久市、龍ケ崎市、土浦市	20.0%
守谷市、つくばみらい市	16.0%
その他の茨城県	10.0%
上記以外	10.0%
松戸市	8.0%
柏市	8.0%

注：「上記以外」とは東京、埼玉、千葉、神奈川、茨城以外
資料：カルチャースタディーズ研究所＋三菱総合研究所「住みたい郊外調査」2019

まないとしたら、もう地方移住を選ぶわけである。東京で子どもを産んで郊外や地方で育てるライフスタイルがより当たり前となるのかもしれない（その際の問題は子どもの教育である。もっとネットで授業を受けられるようになれば解決する可能性がある）。

2位以下は武蔵野市、横浜市西区・中区、鎌倉ブロックなどとなっているが、まあ、これは23区の居住者にとっては23区の飛び地のような意識だろう。

そういう意味では、地方に移住したとしても、地方と23区内の2拠点居住をして土日だけ地方に行くとか、逆にいつもは地方にいて必要なときだけ都心に来るといったライフスタイルを志向しているとも言える。そういうニーズに応えると、衰退する郊外や地方にも発展の可能性はあるはずだ。

三多摩居住者が今後住みたい地域は、1位が武蔵野市で16％、2位が府中市で13・4％、以下僅差で立川市、八王子市、三鷹市、調布市・狛江市などが10％以上である。

神奈川県居住者は、横浜市西区・中区が15・7％と断然トップであり、2位は藤沢ブロックで10・9％。以下は横浜市鶴見区・神奈川区、港北区・都筑区、戸塚区・港南区・栄区、青葉区などとなっており、どれもほぼ9％前後だから、実際の人口などで調整すれば団子レースであろう。

埼玉県居住者では、23区に引っ越したい人が23・７％と少なく、１位がさいたま市西区ブロック、２位が浦和区で、この２地域の差はあまりない。３位は大宮区と川口市で９・１％であり、要するに上位３位は大宮、浦和周辺である。

また、越谷市も同点３位であり、イオンレイクタウンなどによる開発の影響がうかがえる。ついで和光市ブロックが６・５％。有楽町線、副都心線などで都心各方面に通いやすいことが人気の理由だろう。５位の川越市も６・３％で、都心から距離が遠いわりには健闘している。これも副都心線の効果が大きいと思われる。

●千葉市より**船橋市**が人気、**市川**も強い

千葉県居住者では船橋ブロックが22・２％で他を引き離して１位。都心への近さゆえだろう。次いで市川市が12・１％、３位は千葉市美浜区ブロックで11・３％である。県庁所在地より船橋ブロックが人気なのである。

美浜区ブロックは人口減少している地域も多く、若い世代が流出しているはずだが、比較的上位にランクインしたのはなぜか。潜在的な人気はあるものの、新しい住宅の供給が追い

ついていないのかもしれない。古い団地などが多く、それらが中高層のマンションに建て替わっていけば人口が増やせるはずである。

茨城県南部居住者は、つくば市が34％でぶっちぎりの1位。2位は牛久市ブロックの20％、3位が守谷市・つくばみらい市の16％だった。なお茨城県では川越市など他県の5地域が4％でランクインしている。これは、つくば研究学園都市に勤務する人には仕事の都合で転勤してきたケースが多いため、本当の家は別にある人も多いからではないかと推察される。

ちなみに不動産会社アルヒの「本当に住みたい街大賞」で２０２０年度の1位が川口だった。受賞理由は「豊かなライフバランスが叶う、住まいも暮らしも伸び続けるパワータウン」だそうである。具体的には、銀座通り商店街の再開発が進行中、２０２３年には商業施設を含む地上29階の複合タワーマンションが完成予定、浦和や大宮に比べ東京都心に近いわりに地価や物件価格がリーズナブル、川口西公園（リリアパーク）など公園が点在してあり、ファミリー層が楽しめる環境が整っている、駅周辺に「アリオ川口」・「キュポ・ラ」などの商業施設が充実、「ララガーデン」などのショッピングモールも利用でき日常の買い物に便利、といった要素が挙げられるとのことだ。

同大賞では2位が赤羽で、3位はたまプラーザだが、4位は入谷、柏の葉、武蔵小金井、小岩、ひばりヶ丘、東雲《しののめ》であり、「東京北側」と東側の強さを示している。

●政令指定都市の住民は外には出たくない

3県を8地域に分けて住みたい街を集計してみたのが**図表3-2**である。

横浜市居住者が住みたい地域は、横浜市内だけで上位を占めた。住みたい区はやや分散気味である。市域が広いためでもあろう。川崎市居住者も川崎市内が大半を占め、横浜市では川崎市に近い区だけが挙がっている。今より通勤時間があまりに長くなる地域への引っ越しはありえないということである。今よりあまり遠くなくて、今はない横浜ブランドとか、商業文化的な充実があれば横浜市に引っ越してもいいという判断だとも言える。

相模原市居住者は66%が相模原市内での引っ越ししか考えていない。さいたま市居住者や千葉市居住者も、同じ市内での引っ越しを考える人がほとんどである。

このように、政令指定都市の居住者はほぼ同じ市内での引っ越ししか考えておらず、政令指定都市としての利便性を捨てる気はないと言える。

政令指定都市内の定住指向は強い

図表3-2　3県8地域別に見た住みたい郊外

横浜市	
横浜市 西区、横浜市 中区	22.1%
横浜市 戸塚区、港南区、栄区	16.7%
横浜市 旭区、緑区、瀬谷区、泉区	14.9%
横浜市 鶴見区、横浜市 神奈川区	14.2%
横浜市 港北区、横浜市 都筑区	13.9%
横浜市 青葉区	13.5%
川崎市	
川崎市 多摩区、川崎市 宮前区、川崎市 麻生区（新百合ヶ丘など）	36.5%
川崎市 中原区（武蔵小杉など）、川崎市 高津区（溝の口など）	35.4%
川崎市 川崎区、川崎市 幸区	21.9%
横浜市 西区、横浜市 中区	18.8%
横浜市 青葉区	11.5%
相模原市	
相模原市（橋本など）	66.0%
町田市	14.0%
上記以外	10.0%
その他の神奈川県	
藤沢市、平塚市、茅ヶ崎市	31.1%
海老名市、綾瀬市	16.4%
鎌倉市、逗子市、葉山町	13.6%
横須賀市、三浦市	13.0%
座間市、大和市	10.7%

さいたま市	
さいたま市西区、桜区、南区、北区	42.4%
さいたま市 浦和区	25.9%
さいたま市 大宮区	18.8%
さいたま市 見沼区、緑区	15.3%
さいたま市 中央区	11.8%
その他の埼玉県	
越谷市	11.1%
川口市	9.6%
和光市、志木市、朝霞市、新座市	7.9%
さいたま市 浦和区	7.6%
川越市	7.6%
熊谷市、北本市、本庄市、鴻巣市、深谷市	7.6%
千葉市	
千葉市 美浜区、千葉市 稲毛区、千葉市 花見川区	36.8%
千葉市 中央区	28.9%
千葉市 緑区、千葉市 若葉区	27.6%
船橋市、鎌ケ谷市、習志野市	9.2%
上記以外	9.2%
その他の千葉県	
船橋市、鎌ケ谷市、習志野市	25.6%
市川市	14.0%
松戸市	12.0%

資料：カルチャースタディーズ研究所＋三菱総合研究所「住みたい郊外調査」2019

●海老名、船橋が人気

また、その他の神奈川県居住者は藤沢ブロックが31％と、かなり１地域に集中している。しかし海老名市・綾瀬市も16％で２位であり、鎌倉ブロックをしのいでいる。

その他の千葉県居住者も、船橋ブロックが26％と１地域への集中傾向が強い。

だが、その他の埼玉県居住者は越谷市が11・１％、川口市が９・６％などとなっており、人気が分散している。

その他の神奈川県では、湘南のブランドが強力であり、その他の千葉県では、船橋、習志野の通勤と生活利便性の高さが他地域より抜きん出ているのであろう。

対して、その他の埼玉県では、鉄道路線が都心から放射状に各方面に分散しており、それぞれの沿線での拠点に人気が分散するのだと思われる。

●各地の定住意向率は高い

典型的な郊外住宅地について、居住地中分類別に住みたい地域を集計すると（表は膨大になるので省く）、田園都市線（川崎市麻生区、宮前区含む）・港北ニュータウン居住者では今後青葉区に住みたい人は42・5％、横浜市港北区・都筑区も36・3％、多摩区・宮前区・麻生区に住みたい人も31・3％であり、現住地の定住意向率はかなり高そうである。

府中市・調布市居住者も、府中市に住みたい人が47・9％であり、調布市・狛江市に住みたい人39・6％と合わせると、ほとんどの人が定住意向を持っていると言える。

柏市・野田市・流山市居住者も柏市に住みたい人が44・9％であり、加えて野田市18・4％、流山市16・3％であり、やはり柏市周辺に住み続けたい人がほとんどである。

市川市・浦安市居住者は今後市川市に住みたい人が49・1％だが、浦安市に住みたい人は18・9％であり、市川と浦安の差が大きい。ただし今回の調査の回答者数が市川市居住者36人、浦安市居住者9人であったためであり、人口比を考えると浦安の人気は高いと言える。

所沢・西武線ブロックは所沢市に住みたい人が34・6％だが、飯能市・入間市・狭山市に住みたい人が23・1%と多く、立川市も7・7%いるなど、所沢市のブロック内での拠点性がやや弱い。

●春日部、厚木は他の都市に人気を奪われている

春日部ブロック居住者では住みたい街の1位が久喜市・幸手市・白岡市で30%であり、春日部市の20%を上まわっている。ブロックの中で中心となるはずの市が住みたい街の1位にこないというのは、珍しいケースである。

拙著『東京郊外の生存競争が始まった!』でも書いたように、2005年から15年にかけて春日部市から白岡市への転出超過が見られる。白岡市が宇都宮線から湘南新宿ラインなどで都心に短時間でつながったことの影響が大きいのだ。

人口が少ない割に人気のある市としては、海老名市が挙げられる。厚木ブロック居住者の住みたい街の1位は海老名市・綾瀬市であり33・8%。以下、座間市・大和市26・2%、秦《はだ》野《の》市・伊勢原市18・5%、厚木市16・9%となっており、実際の25～54歳人口を勘案しても海老名市・綾瀬市のほうが人気だ。これは、海老名駅周辺の大規模再開発による膨大な商業

小田急線海老名駅前は大型商業施設が集積

集積のためであろう。

また2019年11月末には、海老名駅から湘南新宿ライン乗り入れで新宿まで最速44分、東横線乗り入れで渋谷まで39分と大幅なスピードアップが実現することも、海老名人気上昇の一因であろう。

●印西市に住みたいのは茨城県民

最後になったが、「週刊東洋経済」の住みよさランキングで毎年1位を占めてきた印西市について、いったいどんな人が住みたいと回答するのか興味があったので、集計してみた。

成田・千葉ニュータウンブロック（印西

市・白井市・佐倉市・八千代市・四街道市・我孫子市）に住みたい人は、全体では本調査の2％だけだが、茨城県南部居住者では6％いる。茨城県南部居住者が住みたい郊外としては、松戸市、柏市、流山市、取手市に次いで多い。おそらく利根川北岸の、千葉県に近い地域に住む人が希望しているのだろう。

また印西市・白井市に住みたい人は全体では0・7％にすぎないし、茨城県南部でも4％しかない。他の千葉県民もほとんど住みたいと回答していない。

おそらく、まだかなり農村的な風景が残る利根川周辺などの地域に住んでいる人たちにとっては、千葉ニュータウンの未来的な風景が憧れになるのかもしれない。

また、2019年の台風の被害を見ても、千葉、茨城の農村、山村部での被害が大きかった。ニュータウンであればそういう被害はかなり回避できるだろう。こうしたリスク回避心理も印西市の人気を上げている一因なのかもしれない。

●東洋経済「住みよさランキング」の不思議

実際、東洋経済の住みよさランキングの指標で印西市が高順位なのは、安心度（人口当たり病院・一般診療所病床数、老年人口当たり介護老人福祉・保健施設定員数、人口当たり刑法犯認知件数、人口当たり交通事故件数）と快適度（都市計画区域人口当たり都市公園面積など）によるもので、それならニュータウンが高くなるのは当然である。ただし人口当たり公園面積が広ければ快適なのかという疑問は残る。むしろ「結」の注5で解説している豊島区のように、公園の利用のされ方という「値」こそが重要であろう。

千葉ニュータウンに行ってみると日本医大などの病院や老人ホームが多いが、これはもともと、この地域にそうした施設を計画的に配置したからである。道は広く、昼間は人通りが少なく、車すらあまり走っていないから安全には違いない。災害リスクの高い周辺地域の人たちにとっては魅力的に思われるのかもしれない。

だが、住んで面白いかというと大いに疑問である。車がないとどこにも移動できず、高齢化が進んでからはどうなるか不安もあるだろう。自動運転の車が走るのが似合う街ではあるが、そうかといって昼間は通行人どころか通行する車すら少なく、ひたすらだだっ広い道路が目立つばかりである。救いは日本最大と言われるジョイフル本田の多様な品揃えくらいか。それすら駅から歩くのはしんどい。歩いて楽しい街でないのは間違いない。

そもそも老年人口当たり介護老人福祉・保健施設定員数が多いといっても、印西市市民が必ず印西市の施設に入るとは限らない。他の市から入居する人もたくさんいるはずである。

●変動しすぎるランキングはおかしい

だから、こういう指数が果たして住みよさを測るのに適切なのかどうか、私は疑問である。毎年、指標を細かく変更しているのもおかしい。２０１９年度はまたしても指標を変更したため、なんと文京区が首都圏で1位になったのである。印西市は2位に落ち、かつ渋谷区が3位。以下、新宿区、武蔵野市、江東区、台東区、鎌倉市と続く。しかも千代田区、中央区、港区をランキングから外したという。

２０１８年は、印西市に次いで、中央区、つくば市、港区、千代田区、成田市、武蔵野市、流山市、品川区、文京区、世田谷区、目黒区、渋谷区と続く。

２０１７年に至っては、印西市に次いでつくば市、成田市、流山市、武蔵野市、立川市、逗子市、鎌倉市、中央区、白井市、木更津市、習志野市、港区、富里市、東松山市、千代田区、ふじみ野市となっており18年度以後とだいぶ違う。

しかも首都圏だけでなく全国で見ると、文京区は17年は２３７位、18年は29位、渋谷区は

千葉ニュータウン

17年は289位、18年は43位、新宿区は17年は312位、18年は55位であり、2年間で急上昇している。でも、これじゃあ変動が激しすぎないか。住みよさがそんなに毎年変動するのか。

結局このランキングは近年人口増加率や、可住地面積当たりの飲食料品小売業務のデータを追加したために、23区が上位に来るようになってしまったのではないか。毎日上がったり下がったりする株式情報を専門にする週刊誌が街を調査することの限界が露呈されている。住宅地は1年で売ったり買ったりしないので、10年、20年のトレンドがわかるランキングを開発すべきである。

視点３【郊外に根ざした開発】

川崎の工場地帯をクリエイティブな街に変える

駄菓子屋に来てくれ

川崎市で建築、不動産、リノベーション事業で積極的に活動をしているのが株式会社NENGO（ネンゴ。川崎市高津区）である。「街らしさ」をつくるために街・建物をプロデュースし、「住みたい」「遊びたい」「働きたい」街をつくることが同社のコンセプト。スタッフの和泉直人さんに、川崎市の可能性を含めて話を聞いた。

NENGOの本社へ取材に行くつもりだったが、和泉さんは大山街道沿いの駄菓子屋に来てくれという。どうやらそこにNENGO

らしい物件があるそうだ。

駄菓子屋は東急田園都市線高津駅と二子新地駅の中間の大山街道沿いの、2階以上が賃貸住宅となるビルの1階にあった。

入り口の前には、地域の様々な活動を告知するチラシがたくさん貼ってある。駄菓子屋を経営するおばあちゃんの息子の木村憲司さんが勤めていた会社をやめて、ビルを管理しているらしいが、あるとき、ビルの隣の古い商店が廃業し、売りに出た。木村さんはそれを買い、何を建てるか和泉さんに相談した。

人が歩いて楽しい街になるように

普通の鉄筋の賃貸住宅ではつまらないし、木村さんが子どもに相続するときに駄菓子屋のあるほうのビルと減価償却期間がずれると、相続が面倒になるので木造3階建てとした。木村さんには地域とのつながりを重視したいという気持ちや、二子玉川が再開発で発展しているのに二子新地はクルマが通りすぎるだけだという危機感があった。

そこで、和泉さんは人が歩いて楽しい街になるように1階を飲食店にして、上の住居は地域に開かれた講座を催してくれる人に貸すという提案をした。境界にあったブロック塀を壊して駄菓子屋側との連続性をもたせた。駄菓子屋のビルにはもともと中庭があったので、中庭を囲むような良い雰囲気が生まれた。

和泉さんは中庭で、周辺住民から1冊につき10円もらって引き取った絵本を置き、集めたお金で周辺農家から新鮮な野菜を買い、絵本と野菜を交換するという活動もしている。

川崎市高津区の「おとなの寺子屋」

住居にはちょうどよい人の入居が決まった。高津区内で引っ越しを検討していた平原憲道さん・ちひろさん夫妻が、たまたまNENGO本社の前を通りかかり、NENGOってどういう意味ですかと聞くと、100年後の街を創造する会社ですと言われて気に入り、何か物件はないかとたずねると、木村さんの物件があったのだ。

自宅を寺子屋にする

まさにこれだと気に入って即決。住居は2階がLDK、3階が居室になっているが、2階で「おとなの寺子屋」という活動を始めた。もともと受験勉強に疑問を持っていた憲道さんは、もっと自由に学べる場をずっと構想していた。寺子屋では憲道さんがAIについて講師をしたり、他の講師を呼んだりしてイノベーションと大学教育、ロボットは仕事を奪うのかなど多様な講座を開く。

また、ちひろさんは教育関係の大学教員をしていたが、教員をやめ子どものための「大人になる子どものための寺子屋」として「なるには講座」を続けている。サッカー選手になるには、お医者さんになるには、川崎市長になるにはなどのテーマで実際に川崎市長を講師に呼んだりしている。

こういう寺子屋のような講座自体は、珍しいわけではない。だが、正直言って、二子新地でそういう講座が開かれているとはあまり想像したことがなかった。世田谷とか杉並とか教育熱心でお金と時間の余裕がありそうな人が多く住む地域でなら、珍しくないのだが。

しかし第1章でも述べたように、川崎市、南武線沿線は、近年どうも変わってきているようなのだ。働く女性が増えて、女性の興味関心も家事や育児だけでなく、広く社会や世界や将来の日本にも向けられているはずだ。

世田谷と変わらないです

そこで和泉さんに「川崎を地盤に仕事をしていて、どうですか？　最近何か変化を感じますか」と聞いてみた。「いや、世田谷と同じ感覚ですよ」と和泉さんは答えた。世田谷と同じとは、単にお金をかけた消費生活ということでなく、人々が生活に求める、これからの時代の新しい豊かさの質が同じ、といった意味なのではないかと私は思った。

単に新築のマンションを買うとか、いい大

学やいい会社に行くとかではない、むしろそういう、かつての生活の理想がこれからの日本では通用しなくなるという、うっすらとした危機感を背景とする、新しい指針を求める心理とでも言おうか。

あるいは「生きる力」を育てると言いつつ批判を浴びて頓挫した「ゆとり教育」に代わって、市民自身が行う、本当に生きる力を育てる学びの必要性を感じている人がいるのだろう。

高度経済成長期に京浜工業地帯の中心として栄えた川崎市に、そういう新しい動きが出てきているのは実に時代の変化を実感させる。

廃業した銭湯をアートスペースに

NENGOは同じ地域に、廃業した銭湯・高津湯（川崎市高津区溝口）を、アートを中心としたアトリエ・シェアオフィス「おふろ荘」として、2019年4月20日から1年間の期間限定で運営している。NENGOではかねてより、大山街道が芸術家・岡本太郎や濱田庄司などを生んだ地域であることから「食とアートと文化に囲まれたヒューマンフレンドリーな小さな街つくり」を進めているが、おふろ荘もその一環である。

おふろ荘では子育てを重視し、課題を解決していくクリエイティブな発想をはぐくむべく、アートや文化に触れることで、感性や個性を磨き「決まりごと」や「常識」にとらわれない子どもが巣立っていけるように工夫したという。

簡易宿泊所をクリエイティブ拠点に

　また NENGO のグループ会社である NENGO HOTELS は、川崎区日進町の簡易宿泊所が立ち並ぶ地域に、川崎市の紹介により簡易宿泊所を1棟購入し、川崎らしい猥雑《わいざつ》さを魅力にした宿「日進月歩」、シェアハウス「川崎日進アパートメント "85"」をつくり、運営することで、街を活性化させていく拠点の一つとしている。
「アートとクリエイティブの力で街を変えていく」というコンセプトのもとに簡易宿泊所をリノベーションし、「川崎らしさ」を室内にアートで表現することで、訪れた人に「川崎らしさ」を伝えるという。
　このように NENGO は、かつての大工場地帯川崎の、見方によってはマイナスイメージの歴史をも街の魅力と捉え直し、アート、クリエイティブ、子育てなどを軸にしたまちづくりをしているのである。
　今後の郊外にはこうした、その地域らしさを基盤にした開発が求められよう。

視点3　【郊外に根ざした開発】

アートスペース「おふろ荘」

簡易宿泊所「日進月歩」

視点4【郊外内の格差】

横浜の「南北問題」はカジノで解決できるか？

港北区は人口増だが、金沢区、旭区、港南区は過去10年減少

横浜と言えば住みたい街ランキングでいつも1位、2位を争う。ミナトヨコハマのブランドは不滅である。

だが、横浜市は広い。人口375万人。18の区からなる。人口が増えているのは港北区、都筑区、鶴見区、青葉区、神奈川区、戸塚区、西区、中区、緑区であり、特に港北ニュータウンのある港北区、都筑区は2001年から16年までにそれぞれ5万人以上の人口増加である。

鶴見区も3・5万人増加しており、伸び率は15年間で14％。中区は増加数こそ2・1万人だが伸び率は17％と大きい。
対して南部の泉区、保土ケ谷区、栄区、瀬谷区はここ数年、減少傾向にある。
さらに金沢区、旭区、港南区は過去10年以上、ほぼ減少を続けている。横浜の「南北問題」と言われる現象である。

港南区はほぼすべての年齢コーホートで減少

減少数、減少率ともに大きい金沢区、旭区、港南区が、2005年から15年にかけて1歳ごとの年齢コーホート別にどれだけ人口増減したかを見る。コーホート増減とは、たとえば2005年に20歳だった人が15年に30歳になったときにどれだけ増減したかを表すものである。

港南区はほぼすべての年齢コーホートで減少している。金沢区は横浜市立大学があるため20歳前でコーホートが増えるが、23歳以降、つまり卒業するとコーホートが減る。しかし20歳前に増えたより23歳以降で減った数がずっと多いので、もともと金沢区にいた未成年人口も、学校卒業とともに区外に転出していることがわかる。

旭区は港南区と金沢区の中間のような傾向であるが、とにかく学校卒業とともに転出する傾向は共通している。つまり、これは地方と同じ傾向である。地元に就職先がないのだ。

一方でかつての住宅地は老朽化し、新しい住宅供給が少ないので、子育て期などの年齢の人口は転入してこないのである。

格差は激しい

横浜市の区別人口増減数

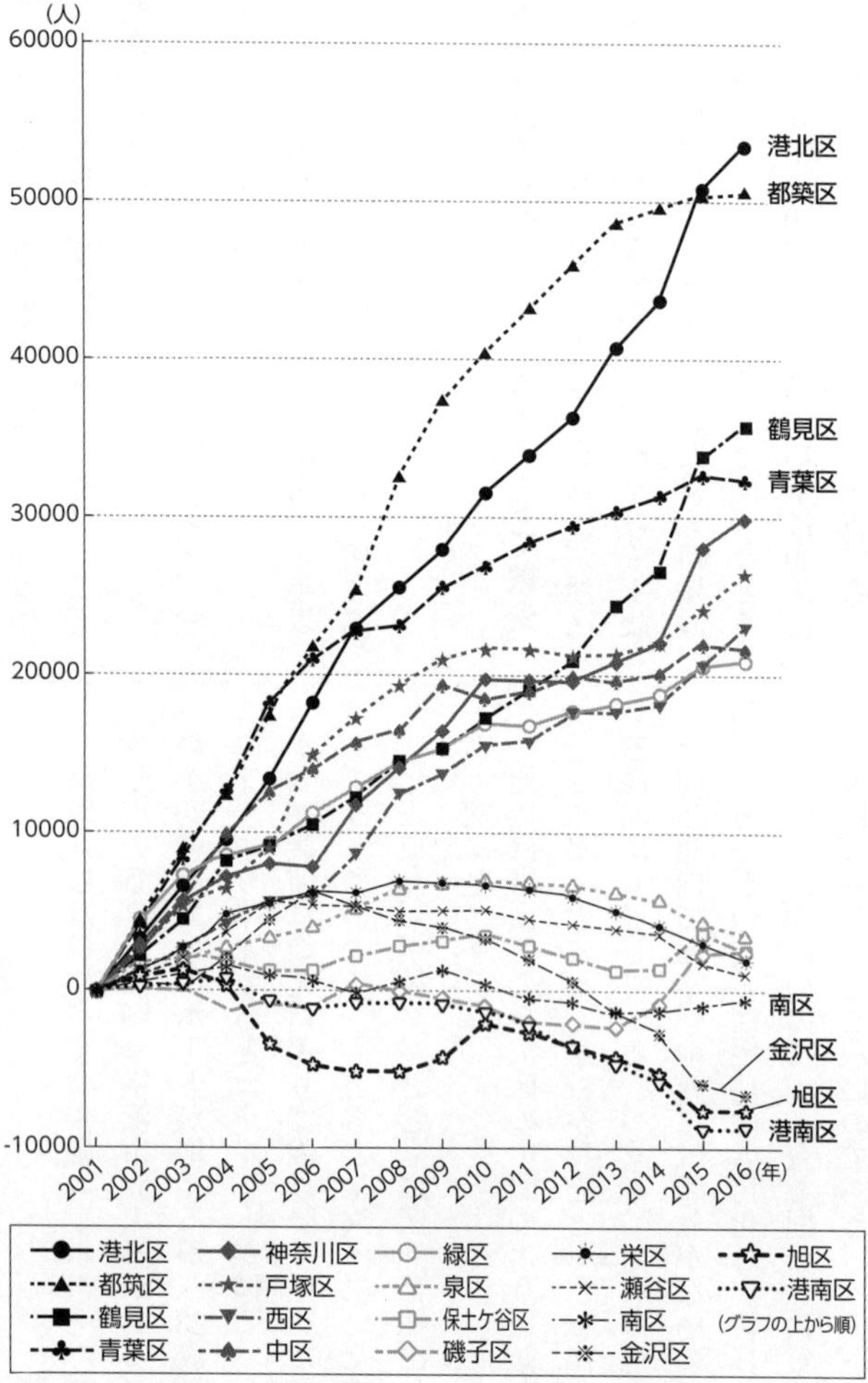

資料： 横浜市ホームページよりカルチャースタディーズ研究所作成

横浜市の区別人口伸び率指数（2001年＝100）

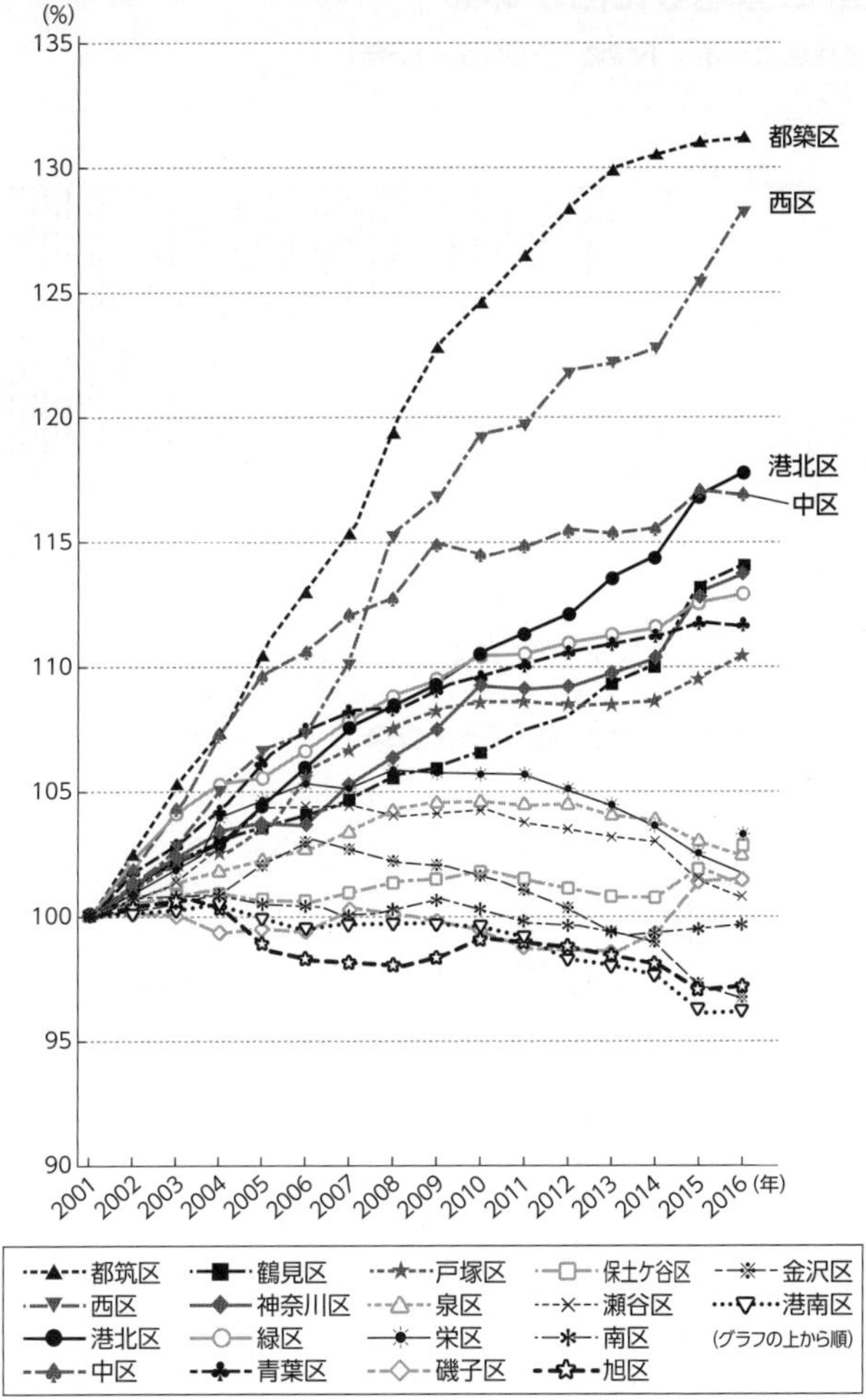

資料： 横浜市ホームページよりカルチャースタディーズ研究所作成

た区と急増した区がある

港南区コーホート増減（2005～15年）

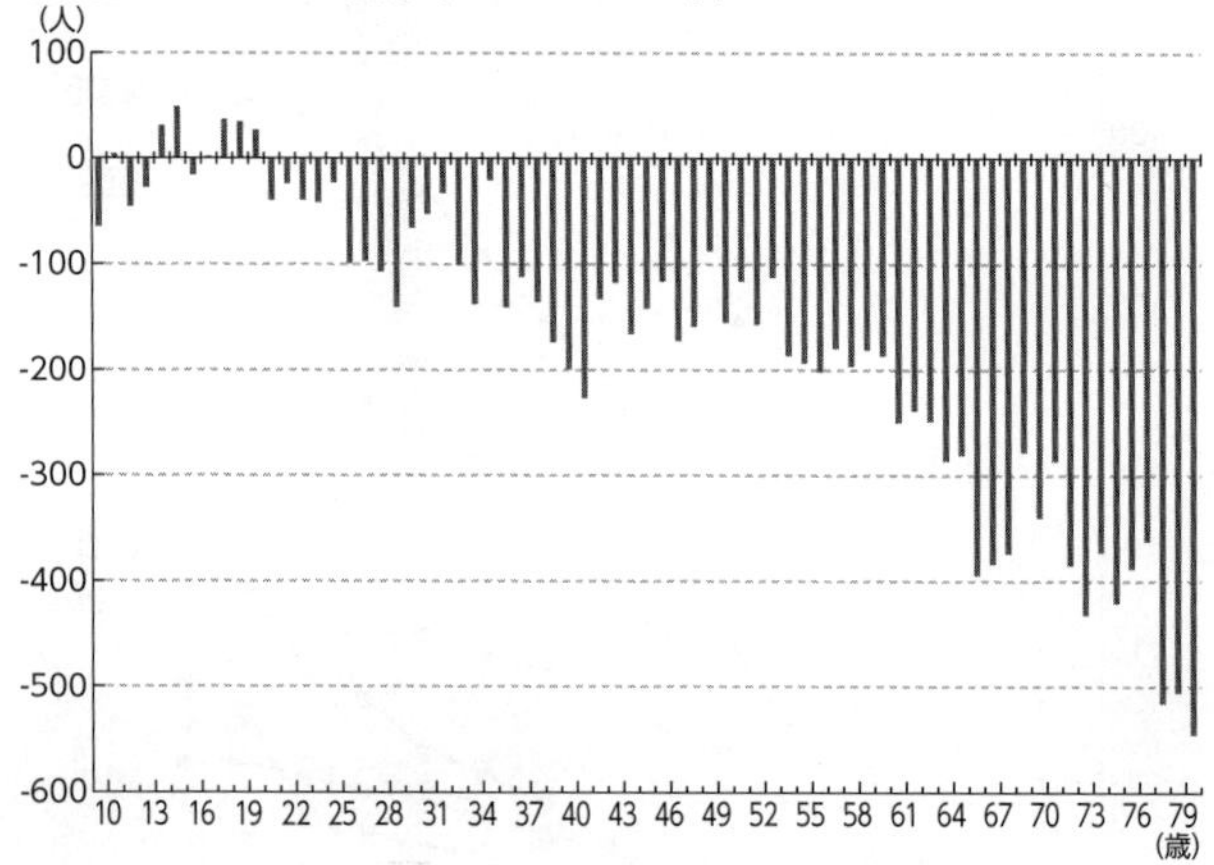

金沢区コーホート増減（2005～15年）

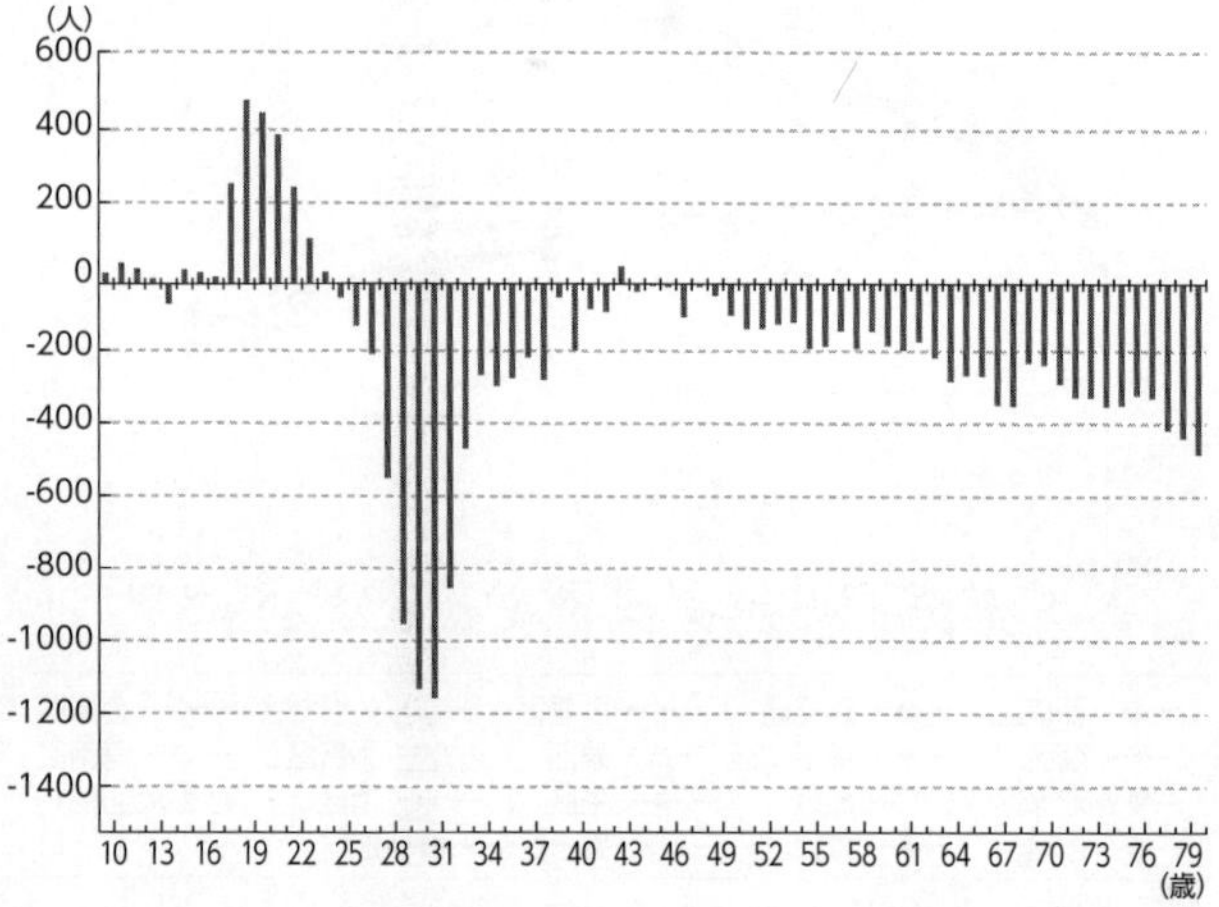

10年間で人口が激減し

旭区コーホート増減（2005～15年）

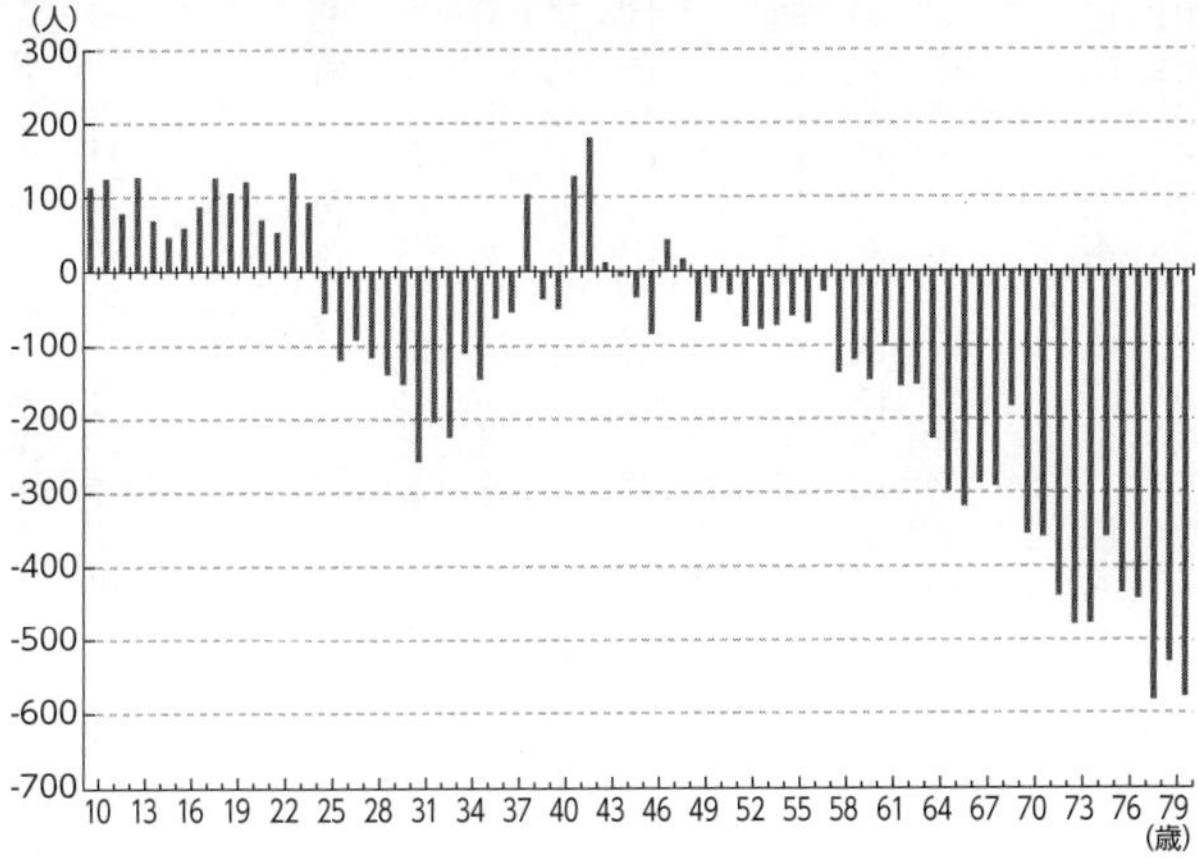

都筑区コーホート増減（2005～15年）

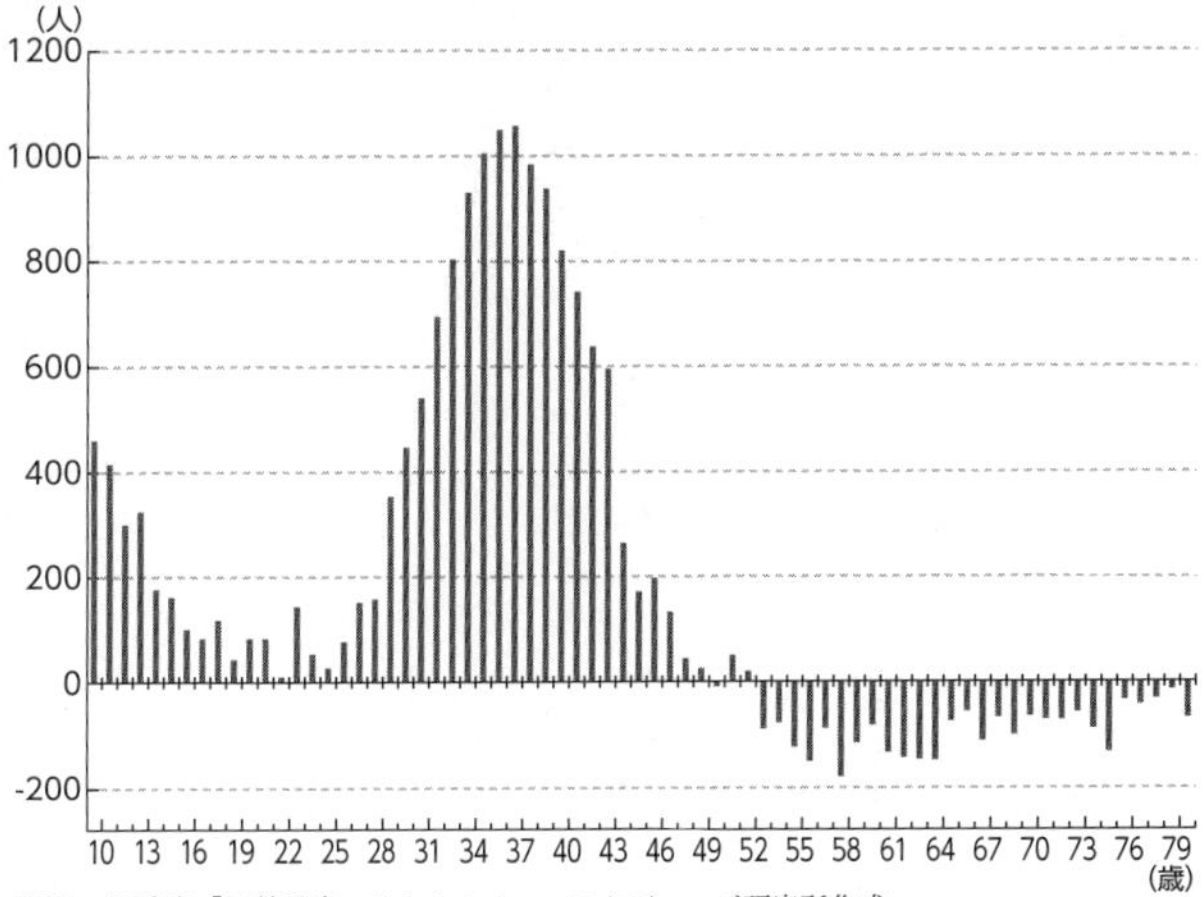

資料：総務省「国勢調査」よりカルチャースタディーズ研究所作成

これら3区のコーホート増減グラフを都筑区のグラフと比べると、その差が歴然としている。

川崎、湘南、小田急線に人口が流出

では、これらの3区からどこに出ていくのか。２０１８年の数字を見ると、圧倒的に東京23区に対して転出超過である。港南区を中心に戸塚区への転出超過も２２５人と多く、おそらく若い世代を中心に、より利便性の高い地域に引っ越しているようである。

横浜の中心地である西区への転出も多いが、藤沢市、鎌倉市、茅ヶ崎市など湘南への転出も多い。

また旭区は町田市、座間市、海老名市、大和市、相模原市への転出が多いが、これはやはり通勤に便利で商業施設も豊富な小田急線沿線に引っ越すということだろう。

金沢区は京浜急行沿線だからだろうか、川崎市への転出が多い。

このように横浜市は、南部の区が他市にかなり人口を奪われている。同時に、市内の区同士が人口の取り合いをしている面があり、特に西区と戸塚区への移動が激しい。

だが、南部の区も雇用を創出したり、交通を利便にしたりして、若い世代の人口を維持するのは難しいと思われるので、このまま超高齢化が進むと、市の財政を逼迫《ひっぱく》させる要因となる。このへんが、横浜市が統合型リゾートに活路を見出そうとする理由であろう。

『日経ビジネス』ホームページ（２０１９年８月20日）によると、横浜市を２０１８年に訪

東京23区や周辺に人口が転出している

旭区、金沢区、港南区の転入超過人口〈2018年中〉
(マイナスは転出超過の意味)

(単位：人)

	旭区	金沢区	港南区	3区合計
東京23区	−249	−381	−306	−936
戸塚区	−22	−57	−146	−225
西区	−5	−45	−88	−138
藤沢市	−10	−51	−38	−99
鎌倉市	−31	−29	−20	−80
町田市	−39	−16	−16	−71
茅ケ崎市	−10	−14	−41	−65
川崎市	50	−105	−6	−61
座間市	−40	−17	−4	−61
海老名市	−39	−8	−13	−60
大和市	−49	−8	−3	−60
さいたま市	3	−27	−17	−41
千葉市	−9	−17	−1	−27
青葉区	−7	−2	−10	−19
綾瀬市	−11	−3	−5	−19
小田原市	−4	−9	−	−13
相模原市	−23	26	−9	−6

資料：横浜市ホームページ

れた観光客は３４２０万人で、前年比５・８％減。過去5年は３５００万人前後で推移しており、インバウンドの取り込みにも後れをとっている。15年から17年の外国人宿泊者数は日本全体で６５６１万人から７９６９万人と約１・2倍に増えたのに対し、横浜市の外国人宿泊者数は72万人から73万人と微増にとどまっているという。そこでＩＲというわけだ。

「ＩＲはカジノだけでなく、ホテルや商業施設、数千人規模の国際会議場などを併せ持つ」ため「横浜市はＩＲ開業後の観光客数が年間４４００万～７８００万人に増えるとし、経済効果は年間約７７００億～１兆６５００億円に達するとの試算」をしているという。

住みたい街ではあるが、人口は増えておらず、観光客も増えない。苦肉の策がカジノというわけだ。１９８０年代はＯＬ、女子大生が休日に出かけるのは神戸か横浜元町だったが、それは日本人全体が西洋に憧れていた時代だから。西洋のファッションなどがいち早く入ってくるのが神戸や横浜だったからだ。

だが、西洋への憧れが消えて、むしろ日本の伝統や、地方の文化に関心が移ってきた「第四の消費」の時代には「ミナトヨコハマ」のブランドの力は衰弱しているのだ。

本書でもしばしば「ミナトヨコハマ」のブランドという書き方をしてきたが、それは実は間違いで、あくまで仕事にも買い物にも便利な横浜中心部が人気なのかもしれない。

あるいは横浜市民だけが「ミナトヨコハマ」ブランドを信仰しているだけで、「ノー

視点4　【郊外内の格差】

金沢八景

ブランド」指向の強まった現代では、他の地域の人々はそれほど横浜信仰を抱いていないのかも知れない。

第4章

仕事が選べる街に住みたい
～結婚・子ども・雇用から見る～

この章のポイント

① 正規雇用女性は船橋・横浜中心部を選ぶ
② フリーター女性は越谷を好む
③ 既婚子あり正規雇用女性は23区隣接地域を選ぶ
④ 未婚1人暮らし女性は猥雑な街に住みたがる

(1) 未婚既婚・子どもの有無別・居住県別の住みたい郊外

●埼玉県：越谷、川口、和光も人気

本書の主張として、女性、特に働く女性が今後の住みたい郊外を決めていくと考えている。そこで本章では、働く女性がどんな郊外を選ぶかを分析する。

その前にまず、働いているかどうかにかかわらず、女性を未婚子なし、既婚子なし、既婚子ありの3つに分け、居住地別に集計しておく。

図表4-1の通り、埼玉県居住女性では、未婚子なしはさいたま市西区ブロック、浦和区が1位、2位だが、越谷ブロック、川口市も3位、4位にランクインした。

既婚子なしは大宮区が1位であり、同率で所沢市が1位につけたのは注目される。

既婚子ありでは西区ブロックが1位であり、以下、和光市ブロック、川口市、越谷市ブロックが続いており、子どもができると、より現実的な住宅地選択をすることがわかる。大宮区は「夜の娯楽」が多すぎるせいか、既婚子あり女性の人気は落ちる。

所沢市は3・3%で14位と、既婚子ありでは好まれていない。子どもがいたほうがより都

ライフステージで住みたい地域が変わる

図表4-1　埼玉県女性居住者 未婚既婚・子どもの有無別の住みたい郊外（上位のみ）

未婚子なし		既婚子なし		既婚子あり	
さいたま市西区、桜区、南区、北区	15.9%	さいたま市大宮区	14.8%	さいたま市西区、桜区、南区、北区	13.2%
さいたま市浦和区	14.6%	所沢市	14.8%	和光市、志木市、朝霞市、新座市	9.9%
越谷市	13.4%	さいたま市西区、桜区、南区、北区	11.1%	川口市	8.8%
川口市	12.2%	さいたま市浦和区	11.1%	越谷市	8.8%
さいたま市大宮区	9.8%	越谷市	11.1%	さいたま市浦和区	7.7%
熊谷市、北本市、本庄市、鴻巣市、深谷市	8.5%	蕨市、戸田市	11.1%	富士見市、ふじみ野市	7.7%

資料：カルチャースタディーズ研究所＋三菱総合研究所「住みたい郊外調査」2019

心から離れた自然豊かな郊外に住みそうなものであるが、そうではないのだ。むしろ、子どもがいると教育環境を求めてさいたま市周辺に住もうとするのだろう。

●千葉県：中心は船橋へ

千葉県（図表4-2）では、未婚子なしは船橋ブロックが25％で1位。2〜4位には千葉市各区が挙がる。

既婚子なしでも子ありでも船橋ブロックが1位である。

既婚子ありでは市川市が2位につけ、4位には松戸市が浮上している。また既婚では松戸市、柏市、流山市もベストテ

結婚したら船橋に住みたい

図表4-2　千葉県女性居住者 未婚既婚・子どもの有無別の住みたい郊外

未婚子なし		既婚子なし		既婚子あり	
船橋市、鎌ケ谷市、習志野市	25.0%	船橋市、鎌ケ谷市、習志野市	20.5%	船橋市、鎌ケ谷市、習志野市	26.5%
千葉市 美浜区、千葉市 稲毛区、千葉市 花見川区	21.2%	千葉市 中央区	11.4%	市川市	14.7%
千葉市 中央区	17.3%	千葉市 美浜区、千葉市 稲毛区、千葉市 花見川区	11.4%	千葉市 美浜区、千葉市 稲毛区、千葉市 花見川区	10.3%
千葉市 緑区、千葉市 若葉区	13.5%	市川市	11.4%		
		佐倉市、八千代市、四街道市	11.4%		

資料：カルチャースタディーズ研究所＋三菱総合研究所「住みたい郊外調査」2019

ンに入ったが、これは常磐線というよりつくばエクスプレスの影響が大きいだろう。

千葉市内はどの区も未婚子なしでは強いが、既婚になると弱い。共働き時代なので、都心に遠いことが嫌われるのではないか。

市川市は先に見た「高級志向」「勝ち組志向」の強さでもトップの地域であるから（図表0-11、0-12）、歴史と文化のある市川市がそうした志向性のある人に選ばれるという可能性もある。

全体として船橋ブロックがオールラウンドに強く、つくばエクスプレス沿線も追い上げており、千葉市がやや沈下傾向にあるように見える。

千葉県の場合、成田空港はあるが新幹線が

ない。出張の多いビジネスパーソンにとって、東京駅で降りても、千葉市までは遠い。神奈川県なら新横浜、埼玉県なら大宮に新幹線の駅があることのメリットは大きい。そのため千葉市より東京から近い船橋駅、津田沼駅あたりが好まれ、そこから東武アーバンパークラインやＪＲ武蔵野線に乗り換えてもいいやという気持ちの人が増えたのだろう。船橋市が周辺と合併して政令指定都市になってもおかしくない勢いである。

●横浜市：子どもができたら港北ニュータウンへ

続いて神奈川県だが、まずは横浜市を独立して取り上げる。図表４‐３を見てほしい。横浜市居住の女性は、住みたい街としても横浜市にしか関心がない人たちである。横浜市以外で住みたいのは鎌倉、浦安くらいであり、それもパーセンテージは低い。なにしろ横浜というブランドがあるので、横浜以外に引っ越すなら23区内しかありえないし、しかも練馬や板橋などは23区として認めないくらいの気持ちである。

また、未婚子なしで西区・中区が35％を占め、次点に鶴見区・神奈川区という沿岸部の東京に近い地域が28％で選ばれ、青葉区よりずっと多いのは興味深い傾向である。横浜市の中

子どもができると港北ニュータウン人気が上昇

図表4-3　横浜市女性居住者 未婚既婚・子どもの有無別の住みたい郊外

未婚子なし		既婚子なし		既婚子あり	
横浜市 西区（横浜駅周辺、みなとみらいなど）、横浜市 中区（山手、元町、石川町など）	34.9%	横浜市 戸塚区、横浜市 港南区、横浜市 栄区	31.3%	横浜市 港北区、横浜市 都筑区	19.6%
横浜市 鶴見区、横浜市 神奈川区	27.9%	横浜市 旭区、横浜市 緑区、横浜市 瀬谷区、横浜市 泉区	25.0%	横浜市 旭区、横浜市 緑区、横浜市 瀬谷区、横浜市 泉区	19.6%
横浜市 戸塚区、横浜市 港南区、横浜市 栄区	14.0%	横浜市 西区（横浜駅周辺、みなとみらいなど）、横浜市 中区（山手、元町、石川町など）	18.8%	横浜市 鶴見区、横浜市 神奈川区	17.9%
横浜市 青葉区（たまプラーザなど）	14.0%	横浜市 青葉区（たまプラーザなど）	15.6%	横浜市 西区（横浜駅周辺、みなとみらいなど）、横浜市 中区（山手、元町、石川町など）	16.1%
横浜市 旭区、横浜市 緑区、横浜市 瀬谷区、横浜市 泉区	11.6%	横浜市 鶴見区、横浜市 神奈川区	12.5%	横浜市 青葉区（たまプラーザなど）	14.3%
上記以外（1都3県および茨城県南部以外）	11.6%	横浜市 港北区、横浜市 都筑区	12.5%	横浜市 磯子区、横浜市 金沢区	10.7%
横浜市 港北区、横浜市 都筑区	9.3%	船橋市、鎌ケ谷市、習志野市	6.3%		

資料：カルチャースタディーズ研究所＋三菱総合研究所「住みたい郊外調査」2019

でも中心部志向が強いことがうかがえる。

既婚子なしでは戸塚区ブロック、旭区ブロックが多いが、これははっきりとした理由がわからない。回答者を分析するとたしかに既婚子なしの女性がすでに多く住んでいる。**図表5-2**に示すように、所沢ブロック同様、田園都市線・港北ニュータウンや横浜市中心部以外に住む横浜市民も教育環境を重視する人が少ないことと関係していそうである。子どもがいると教育環境を求めて他地域に引っ越すのである。

対して、既婚子ありは港北区・都筑区が20％で1位であり、子どもができると港北ニュータウンへという動きがあることがわかる。

このように見ると、横浜市民は横浜の中で、未婚か既婚か、子どもがいるかいないかという属性にしたがって市内で住む場所を選べるのである。だから他の地域には関心がないのである。

地元愛があってよいが、中華思想みたいなプライドだけで住民があまりに固定すると、進歩が止まるのではないだろうか。住民が出ていかないのはいいとしても、入ってくる住民も減っていくのではないか。入ってくる住民が減れば高齢化が急速に進み、財政が悪化する。だからカジノを誘致しなければならなくなるのではないかとも思われる。

と原稿を書いていたら、また新しい情報が入ってきた。横浜市が２０１９年12月11日、上瀬谷通信施設（同市旭・瀬谷区、約２４２ヘクタール）跡地に、「横浜の知名度向上に寄与する魅力的な施設の立地が必要」とし、「テーマパークを核とした複合的な集客施設」（約１２５ヘクタール）を誘致する考えを明らかにしたのだ。市郊外部に国内外から客を呼び込み、地域活性化の拠点に育てるのが狙いという。また、相鉄線瀬谷駅を起点にした「新たな交通」の導入にも着手する。上瀬谷通信施設跡地は東名高速道路と国道16号線の横浜町田インターチェンジに隣接しており、南町田グランベリーパーク（視点6にて紹介）にも近い。また市は跡地を会場に、2027年の国際園芸博覧会（花博）開催を目指すという（神奈川新聞ホームページ「カナロコ」より）。

今さらテーマパークかい？　という気がする人も多いだろうが、瀬谷区、旭区という人口減少超高齢地区であるだけに、税収増を計ろうとすると、こうした計画になるのだろう。

●横浜市以外の神奈川県‥中原区・高津区、相模原、海老名が人気

横浜市以外の神奈川県居住者が住みたい郊外（図表4-4）は、未婚子なしでは中原区・高津区が21％で1位。2位は相模原市で17％である。

既婚子なしではやはり中原区・高津区が26％で1位、相模原市が24％で2位である。3位には多摩区・宮前区・麻生区、4位には横浜市青葉区が挙がっている。

相模原市が人気なのは、リニア新幹線の開業による発展を望んでいるのかもしれない。

子育ては湘南でしたい

図表4-4　横浜市以外の神奈川県女性居住者 未婚既婚・子どもの有無別の住みたい郊外

未婚子なし		既婚子なし		既婚子あり	
川崎市 中原区（武蔵小杉など）、川崎市 高津区（溝の口など）	20.8%	川崎市 中原区（武蔵小杉など）、川崎市 高津区（溝の口など）	26.3%	藤沢市、平塚市、茅ヶ崎市	19.1%
相模原市（橋本など）	17.0%	相模原市（橋本など）	23.7%	川崎市 多摩区、川崎市 宮前区、川崎市 麻生区（新百合ヶ丘など）	13.2%
藤沢市、平塚市、茅ヶ崎市	15.1%	川崎市 多摩区、川崎市 宮前区、川崎市 麻生区（新百合ヶ丘など）	18.4%	鎌倉市、逗子市、葉山町	11.8%
座間市、大和市	13.2%	横浜市 青葉区（たまプラーザなど）	15.8%	相模原市（橋本など）	10.3%
横浜市 西区（横浜駅周辺、みなとみらいなど）、横浜市 中区（山手、元町、石川町など）	11.3%	海老名市、綾瀬市	15.8%	横須賀市、三浦市	8.8%
海老名市、綾瀬市	11.3%	藤沢市、平塚市、茅ヶ崎市	13.2%		
川崎市 多摩区、川崎市 宮前区、川崎市 麻生区（新百合ヶ丘など）	9.4%	厚木市	13.2%		
横須賀市、三浦市	9.4%	横浜市 西区（横浜駅周辺、みなとみらいなど）、横浜市 中区（山手、元町、石川町など）	10.5%		
鎌倉市、逗子市、葉山町	9.4%	横浜市 港北区、横浜市 都筑区	7.9%		

資料：カルチャースタディーズ研究所＋三菱総合研究所「住みたい郊外調査」2019

既婚子なしでは海老名市・綾瀬市も人気が高い。海老名市はショッピングモールなどが多く、買い物が便利だからであろう。子どもができてからのことを見越して、回答しているのかもしれない。リニアにしろモールにしろ、将来に向けての成長性、投資価値をにらんだときに、相模原、海老名が選ばれるのだろう。

既婚子ありでは藤沢ブロックが19％で1位、次いで多摩区ブロック、鎌倉ブロックが続く。子どもをのびのび湘南で育てようという選択であろうか。

また、どの属性でも、横浜市を希望する人もいるがパーセンテージはあまり多くない。横浜と川崎は別のブロックなのだ。川崎市民から見れば、もし引っ越すなら多摩川を渡って世田谷区、大田区、品川区、目黒区などの方向に動くだろう。

また横浜・川崎以外に住んでいる人たちは、川崎市や湘南に引っ越す可能性はあるが、横浜市にはあまり引っ越さないのではないか。川崎市のほうが家賃も安くて、東京に近いし、湘南には海があるからである。もっとお金があればやはり23区内に引っ越すであろう。

実は横浜市民以外にとって横浜市は、遊びに行くならいいが、住む地域として選ぶ理由があまりない。横浜市の危機はそういうところにもあるかもしれない。

吉祥寺からひばりが丘へ

図表4-5　三多摩女性居住者 未婚既婚・子どもの有無別の住みたい郊外

未婚子なし（52人）		既婚子なし（25人）		既婚子あり（38人）	
立川市	17.3%	武蔵野市	24.0%	西東京市（田無、保谷など）、東久留米市	21.1%
武蔵野市	17.3%	横浜市 西区（横浜駅周辺、みなとみらいなど）、横浜市中区（山手、元町、石川町など）	24.0%	八王子市	15.8%
三鷹市	13.5%	立川市	20.0%	府中市	15.8%
府中市	13.5%	三鷹市	16.0%	武蔵野市	13.2%
昭島市、日野市、福生市、羽村市、あきる野市	9.6%	小金井市、小平市	12.0%	立川市	10.5%
調布市、狛江市	9.6%	多摩市、稲城市	12.0%	三鷹市	10.5%
		西東京市（田無、保谷など）、東久留米市	12.0%		

資料：カルチャースタディーズ研究所＋三菱総合研究所「住みたい郊外調査」2019

●三多摩：既婚子あり世帯では西東京市がトップ！

三多摩居住者の住みたい郊外（図表4-5）は、未婚子なしでは立川市、武蔵野市が17%で1位、以下、三鷹市、府中市と続く。

既婚子なしでは武蔵野市と横浜市西区・中区が24%で1位。以下、立川市、三鷹市、小金井市、小平市など。三多摩居住者でも横浜に住みたい人が武蔵野市と同率でいるとは驚く。

既婚子ありではなんと西東京市が1位。次いで八王子市、府中市、武蔵野

ひばりが丘

市となっている。

西東京市は保谷市と田無市が合併してできたが、市の南側の西武新宿線沿線なら吉祥寺までバスでも行ける。だが地価はグッと下がる。

西武池袋線沿線なら石神井公園も近く、近年商業集積が増えた。URのひばりが丘団地の建て替えがほぼ完了しつつあり、新規入居者も多い。同じひばりが丘駅だが、隣の東久留米市にある自由学園の住宅地も素晴らしい。緑が多い環境は子育てには適している、というのが人気の秘密であろう。

立川市で既婚子ありが10・5%に落ちるのは、あまりに都市化しているからか、やはり風俗店の多さのためであろう。同様に武蔵野も既婚子ありでは値が下がる。

(2) 女性正規雇用者、専業主婦、パート・アルバイトが住みたい郊外

●正規雇用：利便性志向強く、さいたま新都心や船橋ブロックを好む

次に、女性の正規雇用者、専業主婦、パート・アルバイトが住みたい郊外を居住地別に比較したものが**図表4-6**になる。

埼玉県で女性正規雇用者（正社員、団体職員、公務員）が住みたい郊外は、1位がさいたま市西区ブロック、以下、熊谷市ブロック、浦和区、大宮区、川口市となっている。熊谷ブロックが多いのは企業立地が多く、正規雇用も多いためかと思われるが、詳細はわからない。浦和区、大宮区よりもさいたま市西区ブロックが上位にきたのは、妙なイメージのよさに憧れない、現代の生活者の現実主義の表れかもしれない。

千葉県では、やはり船橋ブロックが36％で圧倒的人気であり、以下、千葉市の各区が占める。市川市もそれに次いで人気である。

横浜市では西区・中区、鶴見区・神奈川区が上位。以下、他の横浜市内が占めており、やはり横浜市を出て行く気がない。

各地の中心部や交通利便な街が人気

図表4-6　女性正規雇用者（正社員、団体職員、公務員）が住みたい郊外（居住地別）

埼玉県（43人）	さいたま市 西区、さいたま市 桜区、さいたま市 南区、さいたま市 北区	18.6%
	熊谷市、北本市、本庄市、鴻巣市、深谷市	14.0%
	さいたま市 浦和区	11.6%
	さいたま市 大宮区	7.0%
	川口市	7.0%
千葉県（28人）	船橋市、鎌ケ谷市、習志野市	35.7%
	千葉市 美浜区、千葉市 稲毛区、千葉市 花見川区	28.6%
	千葉市 中央区	21.4%
	千葉市 緑区、千葉市 若葉区	17.9%
	市川市	17.9%
	松戸市	14.3%
横浜市（34人）	西区（横浜駅周辺、みなとみらいなど）、中区（山手、元町、石川町など）	29.4%
	鶴見区、神奈川区	20.6%
	旭区、緑区、瀬谷区、泉区	11.8%
	磯子区、金沢区	8.8%
	港北区、都筑区	8.8%
	戸塚区、港南区、栄区	8.8%
	青葉区（たまプラーザなど）	8.8%
	上記以外	8.8%
横浜市以外の神奈川県（31人）	川崎市 中原区（武蔵小杉など）、川崎市 高津区（溝の口など）	22.6%
	川崎市 多摩区、川崎市 宮前区、川崎市 麻生区（新百合ヶ丘など）	22.6%
	川崎市 川崎区、川崎市 幸区	19.4%
	相模原市（橋本など）	19.4%
	横浜市 西区（横浜駅周辺、みなとみらいなど）、横浜市 中区（山手、元町、石川町など）	16.1%
	横浜市 鶴見区、横浜市 神奈川区	9.7%
三多摩（33人）	立川市	21.2%
	武蔵野市	12.1%
	三鷹市	12.1%
	八王子市	9.1%
	府中市	9.1%
	調布市、狛江市	9.1%
	多摩市、稲城市	9.1%
	西東京市（田無、保谷など）、東久留米市	9.1%
	横浜市 青葉区（たまプラーザなど）	9.1%

資料：カルチャースタディーズ研究所＋三菱総合研究所「住みたい郊外調査」2019

横浜市以外の神奈川県では、中原区・高津区、多摩区ブロックが23％で同率首位であり、川崎区・幸区、相模原市が続く。西区・中区、鶴見区・神奈川区もそれに次いでいる。川崎市は全域が人気であるが、**口絵３**で見たように、都心へのアクセスの良さが正規雇用者にとって重要なのである。

三多摩では立川市が頭一つ抜けたトップの21％である。立川市は23区からの流入可能性が低い市であったが（**図表２‐６**）、三多摩居住の女性正規雇用者にとっては住みたい郊外なのである。駅と直結した商業施設とマンションが人気の理由であろう。

●専業主婦：青葉区　大好き、交通利便性志向は弱い

続いて、専業主婦について見てみよう（**図表４‐７**）。

埼玉県居住の専業主婦が住みたいのは、西区ブロックが１位で13％、以下、浦和区、川口市、和光市ブロックが同率である。正規雇用者と比べて大宮区の人気が下がるのは、大宮駅周辺の猥雑な雰囲気のためであろうか。子どもがいれば教育環境を考えて浦和区を望む人が増えるのもうなずける。和光市ブロックには慶應、立教などの有名私立高校があるのも同様

4人に1人が住みたい船橋と青葉区

図表4-7　専業主婦が住みたい郊外（居住地別）

埼玉県（70人）	さいたま市 西区、さいたま市 桜区、さいたま市 南区、さいたま市 北区	12.9%
	さいたま市 浦和区	10.0%
	川口市	10.0%
	和光市、志木市、朝霞市、新座市	10.0%
	越谷市	8.6%
	さいたま市 大宮区	7.1%
	上尾市、桶川市、蓮田市	7.1%
千葉県（69人）	船橋市、鎌ケ谷市、習志野市	24.6%
	千葉市 美浜区、千葉市 稲毛区、千葉市 花見川区	13.0%
	千葉市 中央区	10.1%
	市川市	10.1%
	佐倉市、八千代市、四街道市	10.1%
	柏市	10.1%
横浜市（49人）	青葉区（たまプラーザなど）	24.5%
	鶴見区、神奈川区	20.4%
	港北区、都筑区	20.4%
	戸塚区、港南区、栄区	20.4%
	旭区、緑区、瀬谷区、泉区	20.4%
	西区（横浜駅周辺、みなとみらいなど）、中区（山手、元町、石川町など）	14.3%
	南区	12.2%
	磯子区、金沢区	10.2%
横浜市以外の神奈川県（61人）	川崎市 多摩区、川崎市 宮前区、川崎市 麻生区（新百合ヶ丘など）	18.0%
	川崎市 中原区（武蔵小杉など）、川崎市 高津区（溝の口など）	16.4%
	藤沢市、平塚市、茅ヶ崎市	13.1%
	横浜市 青葉区（たまプラーザなど）	11.5%
	相模原市（橋本など）	11.5%
	座間市、大和市	9.8%
	川崎市 川崎区、川崎市 幸区	8.2%
	鎌倉市、逗子市、葉山町	8.2%
三多摩（38人）	八王子市	13.2%
	立川市	13.2%
	武蔵野市	13.2%
	府中市	13.2%
	小金井市、小平市	13.2%
	西東京市（田無、保谷など）、東久留米市	13.2%
	昭島市、日野市、福生市、羽村市、あきる野市	10.5%
	三鷹市	7.9%
	東大和市、武蔵村山市	7.9%

資料：カルチャースタディーズ研究所＋三菱総合研究所「住みたい郊外調査」2019

の理由であろう。

千葉県居住の専業主婦の１位はやはり船橋ブロックであり、他を引き離す。以下、美浜区ブロック、千葉市中央区、市川市などが続く。正規雇用者と比べると、佐倉市ブロック、柏市といったやや都心から遠い地域が選ばれている。

横浜市の専業主婦は、なんといっても青葉区が不動の（と言ってよいだろうが）１位であり、数値も24・５％と抜群に高い（ゆえに船橋ブロックの24・６％がいかに高い数値かもわかる）。ついで鶴見区・神奈川区、港北区・都筑区などが20％で同率２位。以下すべて横浜市内である。

しかし！　女性も働く時代に、これだけ専業主婦ばかりに好まれるというのは、果たしていいことなのか。時代遅れではないのか、という気もするがいかがだろう。

横浜市以外の神奈川県では多摩区ブロックが１位、中原区・高津区が２位と川崎市内が続くが、３位は藤沢ブロック、以下、青葉区、相模原市と人気はかなりばらばらである。現在住んでいる地域のままでよいという意味の回答が多かったものと思われる。

三多摩居住の専業主婦は、八王子市、立川市、武蔵野市、府中市、小金井市、小平市、西東京市、東久留米市が13％で同率１位という興味深い結果になった。これも、専業主婦にまでなると現在住んでいる地域のままでよいという意味の回答であろうと思われる。

●子どものいない専業主婦こそが住みたい街を決める！

次に、子どもの有無別に専業主婦の住みたい街を集計する。ただし子どもの有無別に集計し、さらに居住地別に集計すると回答者数が少なくなりすぎるので、居住地を分類せずに、集計する。

まず子どものいない専業主婦の住みたい郊外を集計すると（図表4 - 8）、横浜市西区・中区が1位で、「上記以外（1都3県および茨城県以外）」も同率1位だった。以下、船橋市ブロック、青葉区、中原区・高津区、港北区・都筑区と順当な結果で、後で見る未婚パラサイト女性と似た序列である。

子どものいない専業主婦も未婚パラサイト女性も、夫か親に経済的に依存している点では同じであり、かつ子どもがいないので住みたい街を無制約に選択できるため、結果が似てくるのであろう。

また、子どものいない専業主婦では住みたい地域の回答率が他の属性の回答率と比較して最高になる地域が多い。子どものいない専業主婦というライフステージは、結婚してすぐに

子どものいないほうが夢を見やすい

図表4-8　子どものいない専業主婦が住みたい郊外（127人）

横浜市 西区（横浜駅周辺、みなとみらいなど）、 横浜市 中区（山手、元町、石川町など）	7.9%
上記以外（1都3県および茨城県以外）	7.9%
船橋市、鎌ケ谷市、習志野市	7.1%
横浜市 青葉区（たまプラーザなど）	7.1%
川崎市 中原区（武蔵小杉など）、川崎市 高津区（溝の口など）	6.3%
横浜市 港北区、横浜市 都筑区	5.5%
横浜市 旭区、横浜市 緑区、横浜市 瀬谷区、横浜市 泉区	5.5%

図表4-9　子どものいる専業主婦が住みたい郊外（257人）

横浜市 西区（横浜駅周辺、みなとみらいなど）、 横浜市 中区（山手、元町、石川町など）	5.1%
横浜市 青葉区（たまプラーザなど）	5.1%
船橋市、鎌ケ谷市、習志野市	4.7%
横浜市 港北区、横浜市 都筑区	3.9%
鎌倉市、逗子市、葉山町	3.9%
上記以外（1都3県および茨城県以外）	3.9%
さいたま市 西区、さいたま市 桜区、さいたま市 南区、 さいたま市 北区	3.5%

資料：カルチャースタディーズ研究所＋三菱総合研究所「住みたい郊外調査」2019

街を選ぶ人が多いわけだから、住みたい街を選ぶのに最も自由で夢が広がるときなのだろう。

それにしても、子どものいない専業主婦が横浜市西区に住んだら毎日買い物をするしか時間のつぶしようがないと思うが、どうなのだろう。それはそれでとても幸せなのだろうか。

他方、子どもがいる専業主婦の場合は、横浜市西区・中区が1位であり、青葉区、船橋ブロック、港北区・都筑区が上位にくるのは子どものいない専業主婦と同じである（図表4-9）。

ただし、全体に回答率が5％台以下に低下している。子どものいる専業主婦の場合は、住みたい郊外を自由に選択できる状態ではなくなり、夢で回答するのではなく現実的な回答をするためだと思われる。やはり新婚で住む街を選ぶときが最も夢を描くのだ。

●パート・アルバイト女性：越谷が好きなのは勤め先がたくさん選べるから？

パート・アルバイトをしている女性はどうだろうか（図表4-10）。

埼玉県居住のパート・アルバイト女性では越谷市が18％とダントツの1位である。ついで、浦和区、西区ブロック、大宮区が続く。

なぜパート・アルバイト女性が越谷市を好むかは謎であるが、未婚既婚別で見ると、未婚のパート・アルバイト女性（23人）は26％も越谷市を希望しているのである。

正規雇用者は3・7％、既婚のパート・アルバイト女性は12％しか越谷市を希望していないので、歴然とした差がある。未婚のパート・アルバイト女性、つまりフリーター女性が越谷市を好む理由があるらしい。

私としては巨大なショッピングモールがあるからか、という仮説しか思い浮かばない。そもそも越谷周辺に、巨大ショッピングモールに勤める未婚パート・アルバイト女性が住んでいて、彼女たちが越谷に住みたいと回答したのかもしれない。

千葉県居住のパート・アルバイト女性では、またしても船橋ブロックが1位である。もちろん、ららぽーとなどの大規模商業施設がある。

横浜市居住者では、西区・中区が34％で他を引き離して首位、2位が鶴見区・神奈川区。以下、上位は横浜市内で占められる。

横浜市以外の神奈川県では藤沢ブロックが1位、以下、相模原市、海老名市・綾瀬市、中原区・高津区、座間市・大和市と続く。

三多摩居住者では武蔵野市が32％でダントツ。

〈横浜市以外の神奈川県　32人〉

藤沢市、平塚市、茅ヶ崎市	28.1%
相模原市（橋本など）	21.9%
海老名市、綾瀬市	21.9%
川崎市 中原区（武蔵小杉など）、川崎市 高津区（溝の口など）	15.6%
座間市、大和市	15.6%
厚木市	12.5%
横浜市 青葉区（たまプラーザなど）	9.4%
横須賀市、三浦市	9.4%
横浜市 港北区、横浜市 都筑区	6.3%

〈三多摩　22人〉

武蔵野市	31.8%
三鷹市	18.2%
西東京市（田無、保谷など）、東久留米市	18.2%
立川市	13.6%
多摩市、稲城市	13.6%
八王子市	9.1%
府中市	9.1%
町田市	9.1%
国分寺市	9.1%
横浜市 西区（横浜駅周辺、みなとみらいなど）、横浜市 中区（山手、元町、石川町など）	9.1%
上記以外（1都3県および茨城県以外）	9.1%

資料：カルチャースタディーズ研究所＋三菱総合研究所「住みたい郊外調査」2019

仕事が選べる地域に住みたい

図表4-10　パート・アルバイト女性が住みたい郊外（居住地別）

〈埼玉県　49人〉

越谷市	18.4%
さいたま市 浦和区	12.2%
さいたま市 西区、さいたま市 桜区、さいたま市 南区、さいたま市 北区	10.2%
さいたま市 大宮区	10.2%
川口市	10.2%
草加市	10.2%
富士見市、ふじみ野市	10.2%
さいたま市 見沼区、さいたま市 緑区	6.1%
川越市	6.1%
加須市、羽生市、行田市	6.1%
上尾市、桶川市、蓮田市	6.1%
和光市、志木市、朝霞市、新座市	6.1%

〈千葉県　36人〉

船橋市、鎌ケ谷市、習志野市	22.2%
市川市	11.1%
千葉市 中央区	8.3%
木更津市、君津市、袖ケ浦市、市原市	8.3%
松戸市	8.3%
柏市	8.3%

〈横浜市　32人〉

横浜市 西区（横浜駅周辺、みなとみらいなど）、横浜市 中区（山手、元町、石川町など）	34.4%
横浜市 鶴見区、横浜市 神奈川区	21.9%
横浜市 戸塚区、横浜市 港南区、横浜市 栄区	15.6%
横浜市 港北区、横浜市 都筑区	12.5%
横浜市 旭区、横浜市 緑区、横浜市 瀬谷区、横浜市 泉区	12.5%
上記以外（1都3県および茨城県以外）	9.4%
横浜市 南区	6.3%

こうしてみるとパート・アルバイト女性が住みたい郊外は、自分の勤め先となる大小の商業施設などが多数ある地域ではないかと思われる。

働く女性といっても半数以上は非正規雇用であり、特にパート・アルバイトである。彼女たちに十分な雇用を与える街が、住みたい郊外としても選ばれるのだ。銀行の窓口でも百貨店の化粧品売り場でも街の雑貨屋やカフェでもショッピングモールのショップ店員でも、いくらでも仕事が選べるということが住む街の選択条件として重要な時代なのである。

（3）未婚既婚、正規・非正規、子どもの有無別の分析

●未婚・非正規雇用女性はバイト先の多い越谷、川口、武蔵野市が好き

次に、雇用形態を正規雇用か非正規雇用（パート・アルバイト、派遣、嘱託）かに分け、かつ未婚か既婚か、子どもがいるかいないかによって住みたい郊外の集計を行ってみる。

ただしここでもやはり細かいクロス集計をすると、それぞれの回答者数が減りすぎるので、居住地別の集計はしなかった。

フリーターは越谷が好き

図表4-11　未婚子なし女性の住みたい郊外（正規・非正規別）

未婚子なし　正規雇用者（100人）		未婚子なし　非正規雇用者（196人）	
横浜市 西区・中区	7.9%	横浜市 西区・中区	6.8%
横浜市 青葉区（たまプラーザなど）	6.2%	越谷市	6.1%
さいたま市 西区、さいたま市 桜区、さいたま市 南区、さいたま市 北区	5.1%	上記以外（1都3県および茨城県以外）	5.4%
横浜市 鶴見区、横浜市 神奈川区	5.1%	川口市	4.7%
川崎市 中原区（武蔵小杉など）、川崎市 高津区（溝の口など）	5.1%	武蔵野市	4.7%
川崎市 多摩区、宮前区、麻生区	4.5%	さいたま市 浦和区	4.1%
上記以外	4.5%	千葉市 美浜区、千葉市 稲毛区、千葉市 花見川区	4.1%
船橋市、鎌ケ谷市、習志野市	3.9%	横浜市 鶴見区、横浜市 神奈川区	4.1%
武蔵野市	3.9%	横浜市 港北区、横浜市 都筑区	4.1%
川崎市 川崎区、川崎市 幸区	3.9%		

資料：カルチャースタディーズ研究所＋三菱総合研究所「住みたい郊外調査」2019

図表4-11の通り、子どものいない未婚の正規雇用の女性が住みたい郊外の1位は横浜市西区・中区であり、以下、青葉区、さいたま市西区ブロック、鶴見区・神奈川区、中原区・高津区となっている。これまで見てきた住みたい郊外でも上位にランクインしている、常連の地域である。

専業主婦イメージの強い青葉区が2位という高さなのはちょっと意外であるが、未婚子なし正規雇用ということはパラサイトである可能性も高いので、青葉区で生まれ育ってそのまま親元に住んでいる女性が多いのかもしれない。

他方、子どものいない未婚の非正規雇用の女性は、2位に越谷市がランクインした。これは要するに、先に見たフリーター女性である。川口市、武蔵野市も上位に入ってくる。先ほど書いたように、都心に近い、商業集積が多いなど、多様な勤め先にアクセスできる街が非正規雇用の女性の住みたい郊外としても選ばれるようである。

●既婚非正規雇用女性は大宮、武蔵野、三鷹、海老名でパートしたい

既婚で子どものいない正規雇用者の女性では、図表4-12のように横浜市西区・中区、旭

既婚子なし非正規は中央線を好む

図表4-12　既婚子なし女性の正規・非正規別住みたい郊外

既婚子なし　正規雇用者		既婚子なし　非正規雇用者	
横浜市 西区（横浜駅周辺、みなとみらいなど）、横浜市 中区（山手、元町、石川町など）	8.5%	横浜市 西区（横浜駅周辺、みなとみらいなど）、横浜市 中区（山手、元町、石川町など）	7.7%
横浜市 旭区、横浜市 緑区、横浜市 瀬谷区、横浜市 泉区	8.5%	横浜市 戸塚区、横浜市 港南区、横浜市 栄区	7.7%
川崎市 川崎区、川崎市 幸区	6.4%	さいたま市 大宮区	6.2%
相模原市（橋本など）	6.4%	武蔵野市	6.2%
さいたま市 西区、さいたま市 桜区、さいたま市 南区、さいたま市 北区	4.3%	三鷹市	6.2%
さいたま市 浦和区	4.3%	海老名市、綾瀬市	6.2%
千葉市 美浜区、千葉市 稲毛区、千葉市 花見川区	4.3%	越谷市	4.6%
市川市	4.3%	市川市	4.6%
		立川市	4.6%
		西東京市（田無、保谷など）、東久留米市	4.6%
		横浜市 青葉区（たまプラーザなど）	4.6%
		川崎市 中原区（武蔵小杉など）、川崎市 高津区（溝の口など）	4.6%
		厚木市	4.6%

資料：カルチャースタディーズ研究所＋三菱総合研究所「住みたい郊外調査」2019

区ブロック、川崎市川崎区・幸区、相模原市、さいたま市西区ブロック、浦和区、千葉市美浜区ブロックなどが上位を占めた。

他方、既婚で子どものいない非正規雇用の女性では、正規雇用とかなり順位が違う。やはり1位は横浜市西区・中区だが、2位に戸塚区ブロックが入る。3位以下にさいたま市大宮区、武蔵野市、三鷹市、立川市など三多摩が多い。また海老名市・綾瀬市、越谷市などが挙がってくるのが正規雇用者との違いである。先に見た未婚の非正規雇用の女性の傾向に近い。未婚の非正規雇用の女性ほど顕著ではないが、既婚の非正規雇用女性においても多様な勤務先が選べる地域が好まれると考えられる。

●既婚子あり正規雇用女性は働きやすい市川、横浜中心部を選ぶ

次に既婚で子どもがいる女性である。結果は図表4-13の通りだ。

正規で働く女性の場合は、1位が横浜市西区・中区、2位が市川市だった。通勤に便利で、歴史や文化もあり、教育水準も高そうであり、羽田、成田も近い、という点が忙しい女性に人気なのかと思われる。先ほども書いたが、市川は「高級志向」「勝ち組志向」の強さでも

正規は市川、非正規は湘南

図表4-13　既婚子あり女性の正規・非正規別の住みたい郊外

正規雇用者（41人）		非正規雇用者（102人）	
横浜市 西区（横浜駅周辺、みなとみらいなど）、横浜市 中区（山手、元町、石川町など）	9.8%	藤沢市、平塚市、茅ヶ崎市	9.6%
市川市	7.3%	船橋市、鎌ケ谷市、習志野市	6.8%
横浜市 鶴見区、横浜市 神奈川区	7.3%	富士見市、ふじみ野市	5.5%
川崎市 多摩区、川崎市 宮前区、川崎市 麻生区（新百合ヶ丘など）	7.3%	横浜市 西区（横浜駅周辺、みなとみらいなど）、横浜市 中区（山手、元町、石川町など）	5.5%
千葉市 緑区、千葉市 若葉区	4.9%	越谷市	4.1%
千葉市 美浜区、千葉市 稲毛区、千葉市 花見川区	4.9%	横浜市 港北区、横浜市 都筑区	4.1%
船橋市、鎌ケ谷市、習志野市	4.9%	相模原市（橋本など）	4.1%
立川市	4.9%		
多摩市、稲城市	4.9%		
西東京市（田無、保谷など）、東久留米市	4.9%		
横浜市 港北区、横浜市 都筑区	4.9%		

資料：カルチャースタディーズ研究所＋三菱総合研究所「住みたい郊外調査」2019

トップの地域である（図表0-11、0-12）。同率2位で横浜市鶴見区・神奈川区、川崎市多摩区ブロックがあり、既婚正規子ありの女性が23区隣接の地域を選んでいることがわかる。

他方、非正規で働く女性は、1位が藤沢ブロックである。家計の主たる部分は夫の給与でまかない、不足分を自分のパートで出すという、ちょっと古いタイプの女性が、湘南という、これまたちょっと古いタイプの住宅地を好んでいるのではないかと思われる。

（4）パラサイトか1人暮らしか

●正規雇用未婚パラサイト女性は**第四山の手**が好きだが**地方移住**も想定

正規雇用者の未婚女性を、親と同居（パラサイト）か1人暮らしかで比較したのが図表4-14になる。

正規雇用未婚パラサイト女性の支持が最も高いのは青葉区で、10・8％だった。青葉区育ち、有名中高一貫私立、有名大学、有名企業に正社員として就職、そのまま親元から通勤、という女性がけっこういるようである。

パラサイトは第四山の手、1人暮らしは中央線、南武線

図表4-14　未婚正規雇用女性の住みたい郊外
（パラサイト・1人暮らし別）

未婚パラサイト（65人）		未婚1人暮らし（86人）	
横浜市 青葉区 （たまプラーザなど）	10.8%	横浜市 西区（横浜駅周辺、みなとみらいなど）、 横浜市 中区 （山手、元町、石川町など）	10.5%
さいたま市 西区、 さいたま市 桜区、 さいたま市 南区、 さいたま市 北区	7.7%	三鷹市	5.8%
上記以外	7.7%	横浜市 鶴見区、 横浜市 神奈川区	5.8%
千葉市 美浜区、 千葉市 稲毛区、 千葉市 花見川区	6.2%	さいたま市 西区、 さいたま市 桜区、 さいたま市 南区、 さいたま市 北区	4.7%
船橋市、鎌ケ谷市、習志野市	6.2%	立川市	4.7%
相模原市（橋本など）	6.2%	武蔵野市	4.7%
熊谷市、北本市、本庄市、 鴻巣市、深谷市	4.6%	調布市、狛江市	4.7%
横浜市 西区（横浜駅周辺、 みなとみらいなど）、 横浜市 中区 （山手、元町、石川町など）	4.6%	多摩市、稲城市	4.7%
横浜市 港北区、横浜市 都筑区	4.6%	横浜市 青葉区 （たまプラーザなど）	4.7%
川崎市 多摩区、川崎市 宮前区、 川崎市 麻生区（新百合ヶ丘など）	4.6%	川崎市 川崎区、 川崎市 幸区	4.7%
さいたま市 浦和区	3.1%	川崎市 中原区 （武蔵小杉など）、 川崎市 高津区 （溝の口など）	4.7%
千葉市 緑区、千葉市 若葉区	3.1%	川崎市 多摩区、 川崎市 宮前区、 川崎市 麻生区 （新百合ヶ丘など）	4.7%

資料：カルチャースタディーズ研究所＋三菱総合研究所「住みたい郊外調査」2019

また、正規雇用未婚子なし女性では青葉区に住みたい女性は6・2％しかなかったから（図表4‐11）、青葉区の人気はパラサイト女性の間で特に高く、非パラサイト（つまり主に1人暮らし）には不人気だとわかる。夫や親へ経済的に寄生（パラサイト）する女性が好むのが青葉区なのだ。青葉区周辺の港北区・都筑区や川崎市多摩区ブロックもベストテンにランクインしており、概して東急田園都市線が強い。

さいたま市西区ブロック、千葉市美浜区ブロック、船橋ブロック、相模原市も高めである。船橋を除けば政令指定都市の中心的住宅地だ。正規雇用未婚パラサイトの女性は人気のある街に住むのだ。

また「上記以外」も8％弱と高いのは面白い。未婚の正社員かつ親と同居し給料も自由に使える女性は、発想が自由になるのか、自分探し（磨き？）を続けるのか、未婚パラサイトの現状を打破したいのかしらないが、地方への移住も視野に入れているということである。たしかにこういうタイプの女性で、突然地方に行く人はなんとなくいる気がする。

対して、未婚正規雇用で1人暮らしの女性が住みたい郊外は、やはり横浜西区・中区が10・8％で1位だった。次いで三鷹市、横浜市鶴見区・神奈川区、さいたま市西区ブロック、立川市、武蔵野市、調布市、狛江市、川崎市各区などが挙がっている。「結」で述べるクリ

1人暮らしでは武蔵野市か横浜中心部

図表4-15　未婚非正規雇用女性の住みたい郊外
（パラサイト、1人暮らし別）

未婚パラサイト（67人）		未婚1人暮らし（50人）	
越谷市	7.5%	武蔵野市	10.0%
柏市	7.5%	立川市	6.0%
町田市	7.5%	横浜市 鶴見区、横浜市 神奈川区	6.0%
横浜市 西区（横浜駅周辺、みなとみらいなど）、横浜市 中区（山手、元町、石川町など）	7.5%	横浜市 西区（横浜駅周辺、みなとみらいなど）、横浜市 中区（山手、元町、石川町など）	6.0%
さいたま市 浦和区	6.0%	横浜市 港北区、横浜市 都筑区	6.0%
上記以外	6.0%	上記以外	6.0%

資料：カルチャースタディーズ研究所＋三菱総合研究所「住みたい郊外調査」2019

エイティブ・サバーブに該当する。

西区・中区から鶴見区・神奈川区を経て川崎市全体と武蔵野、三鷹、調布、立川までの地域は**口絵3**の、女性の就業率が高い地域と一致している（第1章も参照）。

また川崎市川崎区・幸区という、一昔前なら女性が避けてきた地域まで4位につけたとは驚きである。

●野毛が1人暮らし女性に好まれる

他方、非正規雇用の未婚パラサイト女性（フリーターでパラサイト）は、越谷市、柏市、町田市、横浜市西区・中区が同率1位。さいたま市浦和区、上記以外（1都3県および茨城県以外）が6％で続いた。いずれの地域も商業集積が多い点が共通している（図表4－15）。やはり、非正規の女性は常にアルバイトのできる多様な雇用先が近くにあることを望むのであろう。

対して、未婚非正規の1人暮らしの女性では、1位が武蔵野市で10％、以下6％で立川市、横浜市鶴見区・神奈川区、西区・中区などが並んだ。

このように、専業主婦や未婚パラサイトではまったく上位に挙がってこなかった三鷹市、立川市、武蔵野市が未婚1人暮らしだと挙がってくるところが面白い。中央線は、働く1人暮らし女性には住みやすいのだろう。田園都市線は親元に住む未婚パラサイトでもお嬢様らしく暮らせそうな一方、働く女性の1人暮らしだと、なんとなく他者からの視線がぐさぐさと刺さってきそうである。

その点、中央線は多様な生き方が許容される地域である。既婚子あり女性が酒場で飲んだくれていても問題ないくらいであるから、まして1人暮らしの未婚女性などは何をしても自由である。

そういえば、私が行きつけの高円寺の小料理屋で働くアルバイト女性は、田園都市線と多摩ニュータウンと調布市の出身である。郊外ニュータウンに退屈して（視線と抑圧を逃れて）

野毛のもつ焼き屋には女性も多い

やってくるには高円寺ほど良い街はない。

そういう意味では西区・中区が挙がってくるのも決して横浜山手の丘の上に住みたいわけではなくて、最近若い女性がホルモンを食べに集まるらしい野毛の近くに住みたいのかもしれない。高津区にも溝の口や二子新地には古くからの居酒屋があるし、川崎区となればさらにディープな世界がある。昨今は川崎にストリップを見に行く女性もいるくらいである（拙著『100万円で家を買い、週3日働く』参照）。住民基本台帳を見ても、2014年から19年にかけて20代コーホートの人口が川崎市全体で4万人以上増加しているが、そのうち6500人が川崎区である。

●ヘイトスピーチを厳罰化した川崎の寛容性は女性にもやさしい

日本では戦前から韓国・朝鮮人を労働者として徴用した歴史があり、特に大工業地帯であった川崎市はそうである。現在も韓国・朝鮮国籍の市民が多い。

ところが近年は排外主義的な動きが拡大し、ヘイトスピーチなどというおぞましい活動も増えている。そのため、川崎市ではヘイトスピーチに刑事罰を科す、全国で初めての条例を2019年12月12日に開かれた定例市議会本会議で可決、成立させた。市議会では出席した57人全員が賛成した（2名退席）。同様の条例づくりに取り組む全国の自治体のモデルになると注目されている。

これにより、罰則対象の行為をした団体が再び同様の行為をしようとしたときに市長は「勧告」する。勧告に違反した団体が再び行為に及びそうなときには「命令」をする。命令に違反すると、市長は氏名などを公表し、捜査当局に「告発」する。起訴されて裁判で有罪になった場合に差別的な言動を繰り返すと、刑事裁判を経て最高50万円の罰金が科される。

川崎市では在日コリアンを標的にしたヘイトスピーチが繰り返され、2016年に国の対策法ができるきっかけになった。だが、法律は「不当な差別的言動は許されない」という基本的な考え方を示しただけで、罰則を設けなかった。先行する大阪市や東京都の条例も啓発が主体で、刑事罰は設けていない。法施行後もヘイト行為が横行する状況に対し、川崎市は抑止力のある条例を整備しようと取り組んできた。

ただ、インターネット上の書き込みや動画によるヘイト行為については、表現の自由との兼ね合いから罰則の対象を絞り込んだ結果、対象外となり、今後の課題として残された（参考：朝日新聞２０１９年12月13日「川崎ヘイト条例 差別許さぬ策を着実に」）。

こうした多様性に対する寛容性が高いことは、女性が働くことへの理解にも通ずる風土を形成するのであり、それが川崎市で就業女性を含めた人口増加が進む一因だとも言える。

視点5【ショッピングモール化する街】

吉祥寺は3周進んだラストランナー

かつて世界で一番素晴らしかった通りの現状

吉祥寺の中道通りは世界で一番素晴らしい通りである。と、私は『吉祥寺スタイル』（文藝春秋、2007年）で書いた。共著者の渡和由氏（筑波大学准教授）も賛同した。

2000年から2006年まで私の仕事場はこの中道通りからちょっと入った路地の古いビルにあり、あまりに古いので、『下流社会』が売れてからやってきた編集者たちは、こんな古いビルに本当に私がいるのかと、いぶかしがったほどである。一橋大出身のマーケッターなどというと、代官山か青山の成金ぽいビルに一室を構えているると想像したのであろう。

だが今の中道通りは到底世界一だとは言えない。

かつての中道通りは、古い商店街に新しい店ができはじめた頃であり、さびれたラーメン屋もあればガラス張りのきれいなビストロもあり、多様性に満ちていた。日本一美味いチャーハンを出す（ほんとに美味かった！）、おじさん一人で切り盛りする中華料理屋もあったし、デザインの良いジャケットを飾る中古レコード屋もあり、重厚な喫茶店もあった。何と言っても入り口近くに渋い木造の開業医の医院があって、昭和初期から続く吉祥寺らしい歴史と文化を感じさせたものだ。

ところが今は、入り口横がユニクロのビルである。ユニクロに恨みはないし、吉祥寺のユニクロが地域に溶け込むためにいろいろな工夫をしていることは知っている。だが、いかんせん、ビルのデザインは御徒町のユニクロとまったく同じただの四角いガラス張りであり、とても吉祥寺らしいとは言えない。

そして通りを歩き出すと、なんと300メートル先の吉祥寺西公園のあたりまで、びっしりと店で埋まってしまった。その半数以上がこの数年にできたものではあるまいか（次ページの地図参照。20年前にあったと記憶するものは「古い」と書いておいた）。

開業医も中古レコード屋もチャーハンの店もなくなり、代わりに安っぽいテーマパークのような猫カフェビルができたり、吉祥寺らしからぬやけにゴージャスなビルができたり、

様変わりした

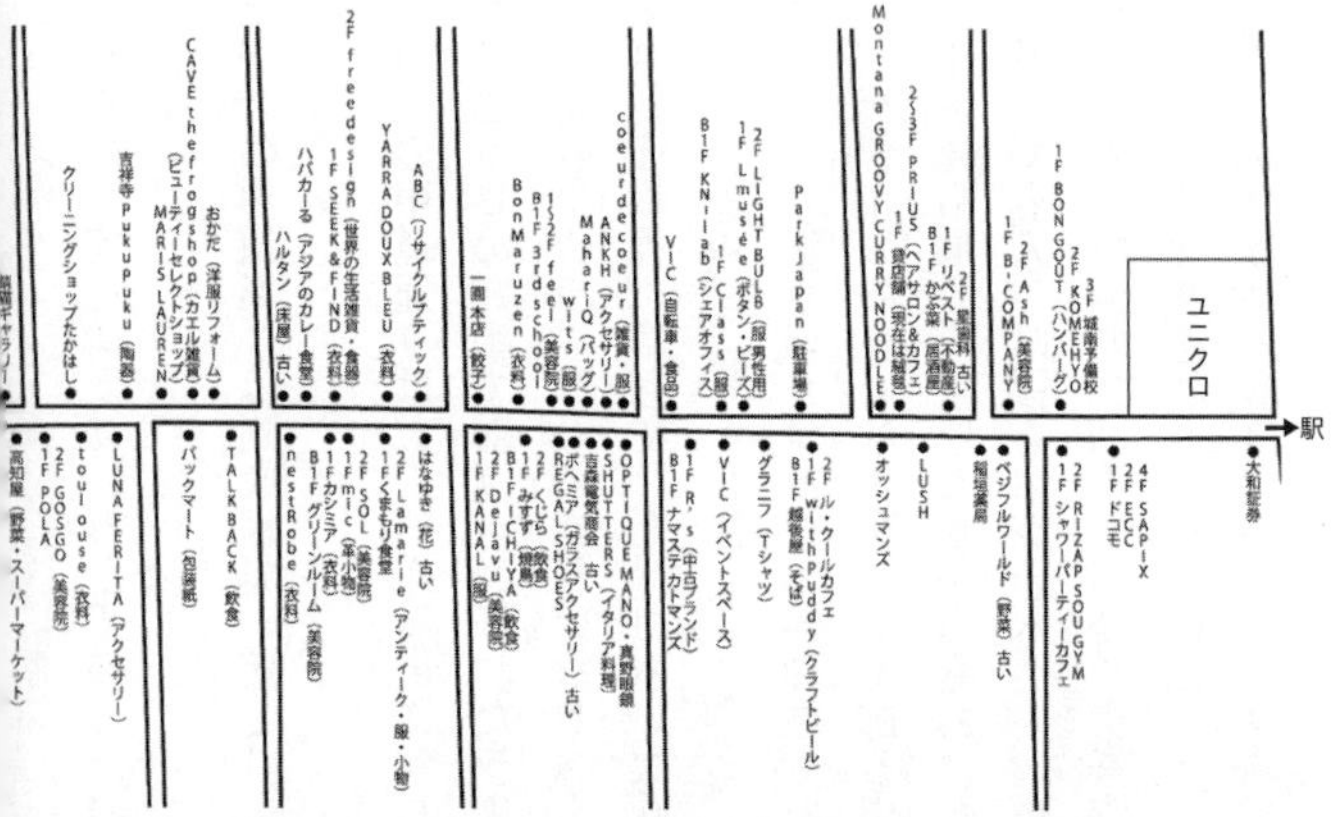

あろうことかライザップができたり。単に今どきのカフェ（サードウェイブコーヒーって言うんですか?）や、来年はもう流行遅れになっているかもしれないタピオカ屋ができたりしていて、まったく私は辟易《へきえき》としてしまうのだ。

シンプルでカジュアルだけどセンスが良くておしゃれだった女性が、10年たったら全身をブランド物で固めているがセンスのいまいちな女性になってしまったようなショック。

通行人は増えたが流行を追うだけの店

つまるところ、街がその時々の流行を追うだけになってしまった。まあ、ある程度流行を追うのはよいが、それぱっかりというのは軽薄すぎる。長い歴史を持つ吉祥寺らしい知性と教養がない。これじゃまるでオープンエ

20年で大きく

吉祥寺中通りの店（2019年10月19日）

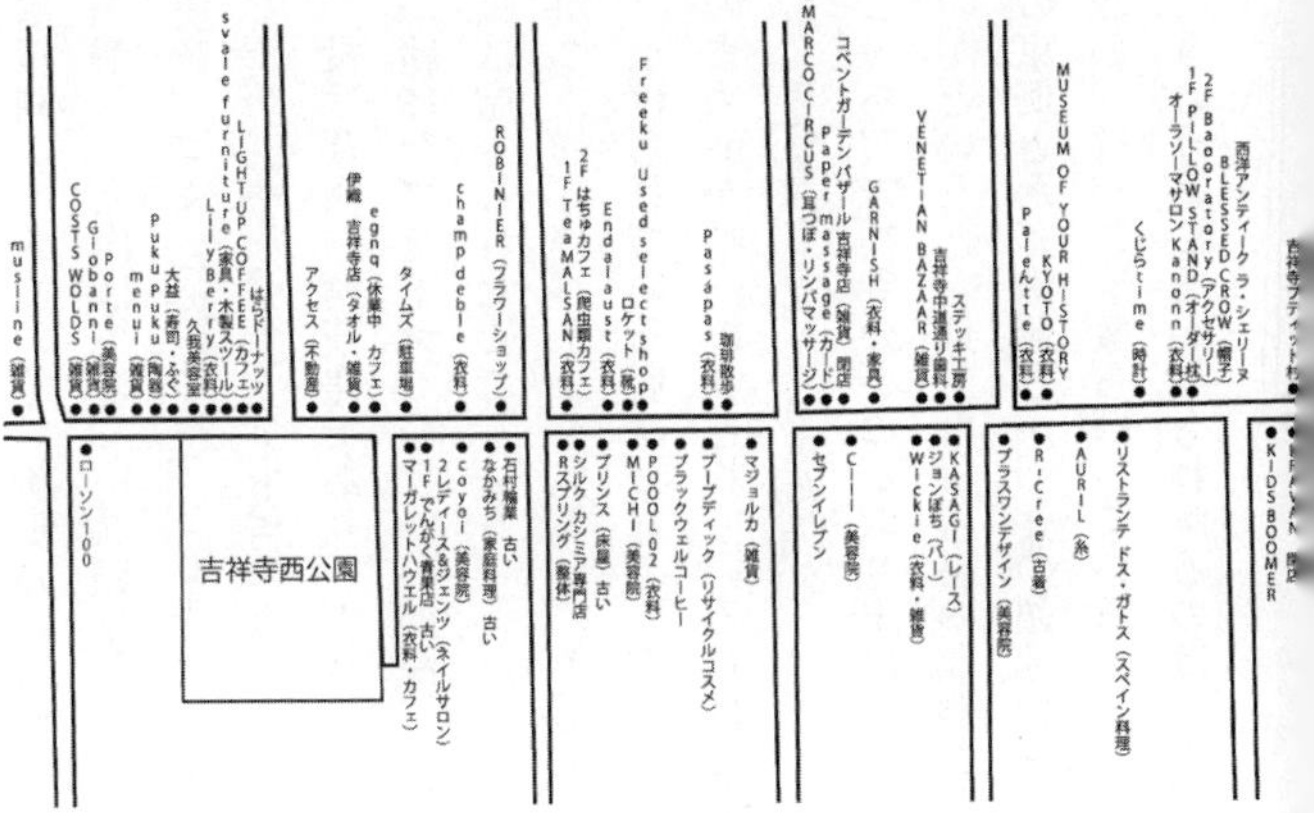

資料：カルチャースタディーズ研究所

アのショッピングモールじゃないか！

なにしろモールになってしまったので、通行人はたしかに20年前より劇的に増えた。休日などは歩くのが嫌になるほどで、実際今の私は西荻窪に引っ越して、中道通りに仕事場があるわけじゃないので、吉祥寺に行くときは意識して中道通りを避けている。

このたびは原稿を書くために久々に隅から隅まで2往復したが、面白いことに、店は増えたが客はあまり入っていない。数年前に開店したばかりでたしか3年前まではあったはずのインテリアショップが、もうなくなっている。人は通りをただ歩いているだけで、そのうち路地に折れ、ぶらぶらする。昔からある餃子の一圓や八百屋のフレッシュジュースや、路地を入ったカレーの有名なまめ蔵にだけは行列ができている。新しい店は激増したが、新しい名店はできていないらしいのだ。

　実際、『OZ magazine』２０１９年7月号「中央線が楽しい！」特集を見ると、そもそも主役は荻窪、西荻窪であり、吉祥寺は三鷹と一緒にサブテーマ。もういい加減、吉祥寺特集は飽きられたんでしょう。

　かつ吉祥寺のページを見ると、中道通りで取り上げられている店はゼロ！　さっきの路地のまめ蔵が唯一掲載されているだけである（しかもまめ蔵はとても古い店だ）。

　じゃあ、吉祥寺のどこが取り上げられているのかというと、東急百貨店裏の北側とか、駅の東側とか、南側とか、井の頭池のさらに南とか、けっこう散らばっている。

　こういうところからもわかるのは、吉祥寺に（センスの）良い店をつくり、ますます吉祥寺を良い街にしようと考える人が、中道通りに出店しているわけではないということだ。

　吉祥寺は住みたい街、人気の街だって、じゃあ、そこに店を出すか、中道通りが一番人通りが多いから、そこにするべえと考えた、どこか他の街のどこかの不動産業者が、そのへんから人気のテナントや流行の店を誘致してきただけなのだ。地元の不動産業者やもともとの商店のオーナーが、こうなってほしいと考えて通りがデザインされているわけではない。いわば外からの資本に侵略されているのだ。

街が良くなることを考えているか

　そういえば中道通りに昔あった古い資生堂

チェーンストアが20年近く前に閉店し、ビルへと建て替わることになった。建築看板を見ると、オーナーは中央区佃のタワーマンションに引っ越していた。店をたたんでテナントビルに建て替えて、あとは家賃収入で都心のタワマンに暮らすわけだ。

その方の人生をどうこう言うつもりはない。いろいろ事情があるだろうから。だが長らく住んできた街を離れて、店がビルになれば、あとはもうテナントが常に埋まることだけ考えるようになる。

私も所有するマンションを賃貸に出しているからわかるが、借り手が付かないのが一番悪い。どうかいい人に早く借りてほしいと思う。

だがどんなに良いテナント、つまり高い保証金が払えて家賃滞納をしないテナントであっても、それが街にとって良いテナントかどうかはわからない。一時の流行を追うだけの飲食店や携帯電話ショップだったら、街は良くならない。そういう点について、できれば商業ビルを貸す側の人は思いをはせてほしいし、少なくとも地元の不動産業者は考えるべきだろう。

が、それは乙女の祈り。ここが売れる、儲かるとなれば、不動産業者は日本中からハエのようにブンブン集まってきて、市場（街）を育てるなんてことは露ほども考えず、市場（街）を食い荒らす。かつオーナーのほうも、街が良くなるか悪くなるかなんてことは考えず、いや考えたとしてもお金の魔力には勝てず、高い家賃で貸せるかどうかだけ考えるの

マンションの１階が店になっている。こういう工夫が吉祥寺らしいのだが……。

だ。

そういう資本主義の強欲さと街の良き発展には、本質的な矛盾がある。この10年の中道通りの変化は、それを実によく教えてくれる。

もちろん、強欲ではなく街のことを考えてテナントを選んでいる不動産業者がいることも、私は知っている。居住者の入りにくい道路沿いのマンションの１階を店舗向けに貸し出して、マンションも街も全体が良い雰囲気になっている例も中道通りにはある。みんなこういう風にしてくれるといいんだけどなあ。

吉祥寺は3周進んだラストランナーか!?

吉祥寺に行かないと良い店がない、良いものがない、という時代ではなく、周辺のいろいろな街にいろいろ面白い店ができて、かつネットでも買える時代だ。むしろますます街としての、場所としての魅力を真剣に考えないとまずいことになるだろう。

もちろん、私はすごくレベルの高い要求をしているのである。現状で店が売れているなら、10年前より売り上げが伸びたなら、いいじゃないかということかもしれない。が、家賃が増えてオーナーは満足だがテナントは四苦八苦だとしたら、また次の時代に次のテナントに入れ替えるだけの消耗戦に陥る。それではストリートとしての個性は出せないし、今後の競争力も実は低下するのではないか。

住みたい街と言われながら実はマンションが建たない限り人口減少に向かう武蔵野市が、超高齢社会に備えて税収増を図るには、その場しのぎであっても吉祥寺に流行の商業施設が入ることが求められるのだろう。

それはまあ、わかるのだが、無個性なまちづくりをして、いつか1周遅れのトップランナーならぬ、3周進んだラストランナーにならないとは言い切れない。5年後に住みたい街ベストテンから陥落しても私は驚かない。

第5章

「趣都圏」の誕生　～消費と娯楽から見た郊外～

この章のポイント

① 東京北側住民は読書好き
② 美術館好きかで居住地が違う
③ 越谷住民はカラオケもギャンブルも食べ歩きも好き
④ さいたま市はスポーツ、千葉市はドライブ

●テイスト（趣味）で選ばれる郊外

本章では少し視点を変えて、趣味や余暇・娯楽（テイストやホビー）とそれに現れた価値観から郊外を居住地別に分析してみたい。郊外の地域性、住民特性を知るためであり、行ったことが（あまり）ない地域について知るためである。

居住地が年収によって制約されることは言うまでもないが、同じような地価の土地でも住みたい街とあまり住みたくない街はあるはずで、その差は、何となくその街に住む人と趣味が合わないから、ということもあるはずだ。東急田園都市線のたまプラーザと中央線の阿佐ケ谷に同じ値段の家があったとしても、やっぱり私はたまプラーザがいいわという人と、阿佐ケ谷に決まってんじゃんという人とは、趣味、価値観、テイストが違うのだ。

趣味によって住む街が異なることは、23区内の街を思い浮かべればわかる。山の手と下町で違うだけでなく、同じ西側山の手でも、高円寺と田園調布では住みたいと思う人の様々な属性がまったく異なる。一見似ている下北沢と三軒茶屋でも違うし、赤坂・六本木と広尾・白金でも違う。またゲームの好きな人は秋葉原に住みたいとすら思っているといったことが、私のこれまでの調査からわかっている（拙著『あなたにいちばん似合う街』参照）。

こうした街の趣味《テイスト》による差から「趣都」という言葉をつくったのは、明治大学准教授の森川嘉一郎である（『趣都の誕生―萌える都市アキハバラ』２００８年　幻冬舎）。

これにならい本書では、一見すると多様な住宅が並ぶ郊外についても、今ではそうした趣味による差が生まれ、それに基づく居住地選択がある程度行われているかもしれないという仮説に立ち、「趣都圏」という概念を思いついた。その「趣都圏」が存在するかをこれから見ていく。

●余暇が読書、美術館の人は三多摩中央線で多い

居住地中分類別によって余暇行動を集計すると**図表5-1**のようになる。まず読書や美術館は三多摩の中央線沿線で強い。田園都市線・港北ニュータウンは、読書は弱いが美術館は2位である。三多摩西武線は読書が2位、美術館も3位であり、三多摩中央線と似た特徴があることがわかる。

他に読書が多いのは、川越、府中・調布・狛江、川口、八王子などがあり、比較的東京の

中央線人は読書と美術が好き

図表5-1　居住地中分類別・余暇が読書（マンガを除く）や美術館の割合

読書（マンガを除く）	
三多摩中央線	50.0%
三多摩西武線	42.9%
川越など	40.5%
府中・調布・狛江	37.5%
川口・蕨・戸田	36.2%
房総	35.6%
八王子・奥多摩	34.5%
相模原市	34.0%
町田・多摩・稲城	32.6%
23区	31.7%
田園都市線・港北NT	30.0%
藤沢・平塚・茅ヶ崎	29.6%
千葉市	28.9%
鎌倉・三浦半島	28.6%
東上線	27.9%
越谷など	27.6%

美術館	
三多摩中央線	23.9%
田園都市線・港北NT	18.8%
三多摩西武線	14.3%
東上線	14.0%
23区	13.1%
府中・調布・狛江	12.5%
川口・蕨・戸田	12.1%
川越など	11.9%
市川・浦安	11.1%
藤沢・平塚・茅ヶ崎	11.1%
千葉市	10.5%
八王子・奥多摩	10.3%
横浜臨海部	10.0%
柏など	8.2%
相模原市	8.0%
茨城南部	8.0%

資料：カルチャースタディーズ研究所＋三菱総合研究所「住みたい郊外調査」2019

真ん中から西北側郊外である。

対して横浜中心部、京急沿線、横浜市南部は読書が少ない。

また、他に美術館が多い地域は、東上線、市川・浦安、府中・調布・狛江、川口、川越などであり、中央線・総武線から見て北部が多い。対して、横浜都心部や藤沢ブロックは文化人も多そうであるが、意外と美術館は少ない。このような点からも、「東京北側」の文化志向の高さがうかがえる。

ちなみに、所沢・西武線ブロックでは読書が21・2％で美術館がゼロである。これは驚きである。もう少し文化志向の人が住みたくなる街にならないと、23区内から若い世代を集められないのではないか。

●所沢は美術館にも教育にも興味なし？

少し話がそれるが、所沢ブロックに住みたい人は教育環境を重視する人が少ないという結果も出ている（図表5-2）。

今後教育環境が良い地域に住みたい人（「そうしたい」）が最も多いのは、川越市、田園都市線・港北ニュータウン、さいたま市、千葉市、湘南、三多摩主要部という順番であり、県庁所在地や歴史の古い都市、現代のビジネスパーソンの多い地域が上位にきたので順当な結果である。

横浜市中心部で意外に少ない理由は、横浜市中心部に居住する人に既婚子なしが多いためである。横浜市中心部居住の既婚子なしの人では、「あてはまる」は9％しかない。既婚子ありでは44％である。

所沢は教育に無関心？

図表5-2　住みたい郊外中分類別・今後教育環境の良い地域に住みたい割合（既婚、回答者19人以上）

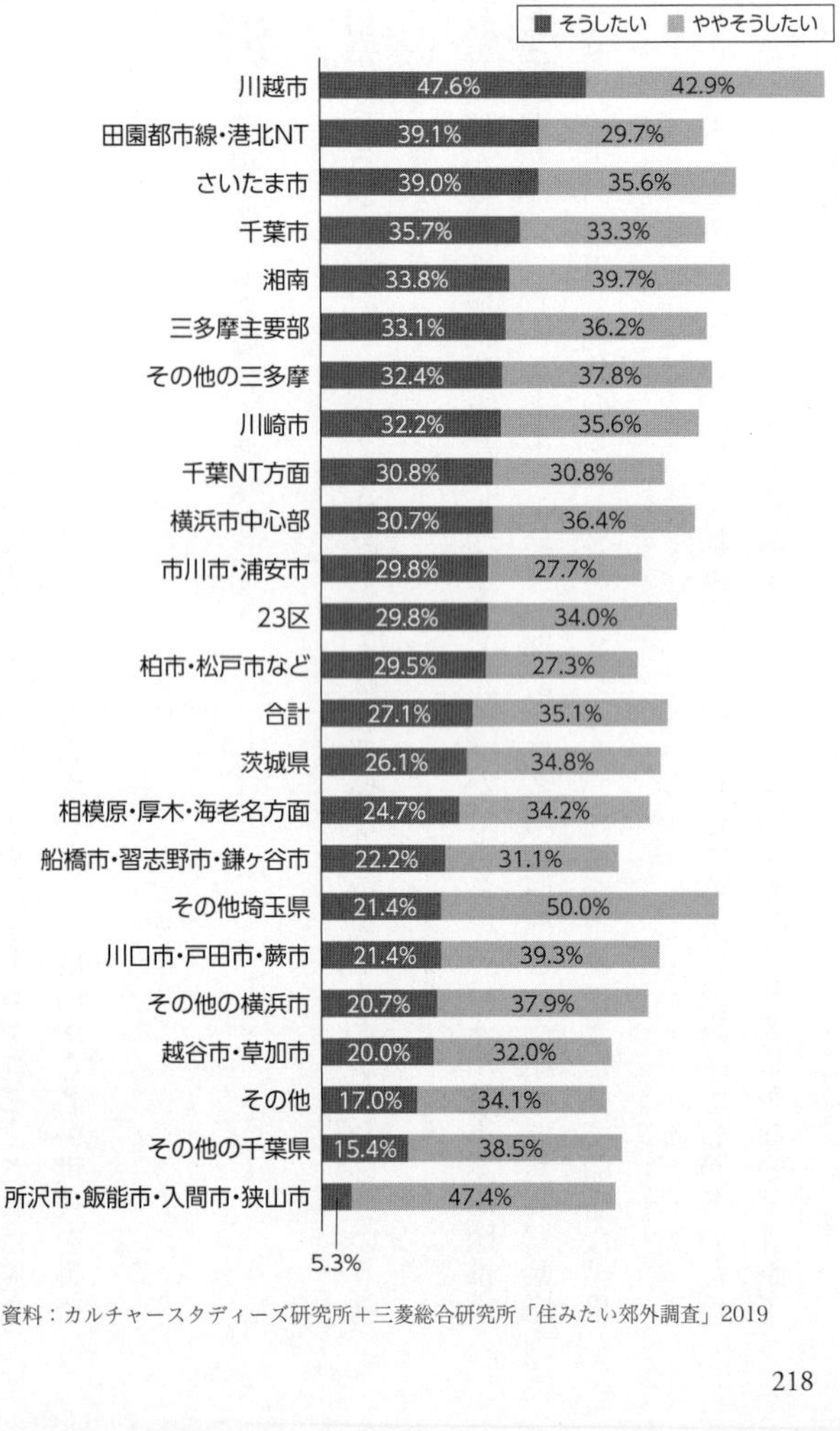

資料：カルチャースタディーズ研究所＋三菱総合研究所「住みたい郊外調査」2019

所沢ブロック（19人）では「そうしたい」が5％しかなく、最下位。図表にはないが現在の所沢ブロック居住者でも同じような結果である。これはちょっと、いくらなんでも少し心配になる。かつ、所沢ブロックに住みたい人で既婚でかつ子どものいる人（10人）では「そうしたい」がゼロなのである。所沢ブロックに住みたい人は子どもの教育環境、いわゆる学歴を高めることを求めていないのがはっきりわかる。

飯能市に自由の森学園という「一人ひとりを大切にし、ほんとうの知性と感性を育てる教育」を理念とする学校があり、同学園の出身者には今非常に人気のあるミュージシャンの星野源がいることも影響しているかもしれない。

それも一つの個性だからいいのだが、おそらく所沢ブロックの各市が、もし若いファミリー層の人口を増やしたいなら、学歴よりも別の価値を追求するとばかりも言っていられないはずだ。

島根県の一般財団法人地域・教育魅力化プラットフォームは、三菱ＵＦＪリサーチ＆コンサルティング株式会社と共同で、２０１７年度より地域と連携した高校教育改革（高校魅力化）の効果を見える化する調査を、島根県の高等学校を事例として行った。その結果わかったのは、高校魅力化により地域の総人口は5％超増加（２０１７年）、高校魅力化により地域の消費額が3億円程度増加（2017年）し、歳入も1・5億円程度の増加（同）、高校魅力化に伴う町村の財政負担を加味しても、高校魅力化のための町村の負担額の約1・8倍の3000万〜4000万円程度の歳入増加があったという。

近年の東京でも北千住や金町のように大学が移転してきたことによって街が発展した事例はあり、高校や大学などの立地が地方の振興に役立つことは明らかだろう。

●千葉ニュータウンや三多摩に住みたい人は読書好き

次に、読書（マンガを除く）を余暇としている人の割合を住みたい郊外の小分類別で集計してみた。結果は**図表5-3**の通り、1位は印西市・白井市・成田市だった。失礼ながらちょっと意外である。サンプル数16人なので参考値ではあるが。

居住地中分類別に見ると千葉ニュータウンブロック居住者で余暇は読書だという人は26％であり、三多摩中央線の50％の半分である（**図表5-1**）。ということは、今住んでいる人ではなくて、これから印西市など千葉ニュータウンに住みたいと思っている人には読書好きが多いということである。

2位はさすがの国立市である。先述した、住みたいけど住めない郊外ナンバーワンである（図表2-4）。単にお金があるだけでなく、文教都市らしい結果だと言える。

以下、西東京市（田無、保谷など）、東久留米市、小金井市、小平市、昭島市、日野市、福《ふっ》生《さ》市、羽村市、あきる野市という三多摩の北部地域が挙がる。やはり「東京北側」が強い。

次いで、川越市、三鷹市、相模原市、国分寺市、調布市、狛江市、武蔵野市などとなっている。中央線沿線、そして三多摩南部の調布・狛江が加わっており、概して三多摩に住みたい人は読書好きだとわかる。

●田園都市線と江戸川区は同程度

対して、横浜市西区・中区、青葉区、川崎市中原区・高津区に住みたい人では、読書は27%台であり、あまり本を読まない。表にはないが葛飾区・江戸川区（26%）と同程度である。船橋ブロック、さいたま市中央区もそうであり、八王子市も20%台である。青葉区と江戸川区が同程度とはちょっとイメージと違って驚かないだろうか。

23区内も新宿（43%）、中野・杉並（40%）、板橋・練馬（37%）、文京・豊島（37%）、荒川・

読書（マンガを除く）	
横浜市 南区	35.3%
浦安市	33.3%
所沢市	32.4%
川崎市 多摩区、川崎市 宮前区、川崎市 麻生区（新百合ヶ丘など）	32.2%
越谷市	31.9%
熊谷市、北本市、本庄市、鴻巣市、深谷市	31.0%
柏市	30.8%
流山市	29.4%
さいたま市 浦和区	29.0%
横浜市 西区（横浜駅周辺、みなとみらいなど）、横浜市 中区（山手、元町、石川町など）	28.5%
その他の埼玉県	27.8%
横浜市 青葉区（たまプラーザなど）	27.4%
川崎市 中原区（武蔵小杉など）、川崎市 高津区（溝の口など）	27.0%
船橋市、鎌ケ谷市、習志野市	25.3%
さいたま市 中央区	25.0%
座間市、大和市	22.7%
松戸市	22.7%
上尾市、桶川市、蓮田市	12.5%

資料：カルチャースタディーズ研究所＋三菱総合研究所「住みたい郊外調査」2019

青葉区・中原区に住みたい人はあまり読書しない

図表5-3　住みたい郊外小分類別・余暇が読書（マンガを除く）
（回答者数16人以上）

読書（マンガを除く）	
印西市、白井市、成田市	56.3%
国立市	53.6%
西東京市（田無、保谷など）、東久留米市	53.1%
小金井市、小平市	52.2%
川越市	50.0%
昭島市、日野市、福生市、羽村市、あきる野市	50.0%
蕨市、戸田市	50.0%
三鷹市	49.2%
相模原市（橋本など）	48.9%
国分寺市	48.7%
調布市、狛江市	48.0%
武蔵野市	47.4%
草加市	45.5%
横浜市 保土ケ谷区	42.9%
海老名市、綾瀬市	41.2%
鎌倉市、逗子市、葉山町	39.2%
藤沢市、平塚市、茅ヶ崎市	38.8%
横浜市 磯子区、横浜市 金沢区	38.2%
町田市	38.1%
横浜市 港北区、横浜市 都筑区	37.5%
飯能市、入間市、狭山市	37.5%
立川市	37.0%
多摩市、稲城市	36.7%
さいたま市 大宮区	36.4%
さいたま市 見沼区、さいたま市 緑区	36.0%
川崎市 川崎区、川崎市 幸区	35.4%

北・足立区（35％）と、読書好きが多いが、これらすべて中央線以北の区である。中央線は一流大学、学者が多い地域だからイメージ通りだが、荒川・北・足立区のような下町で読書好きが多いなんておかしいと思われるかもしれない。

だが、従来の下町住民ならともかく、これから荒川、北、足立区に住みたいと思う人は、ファッション誌を見てブランド物を買うよりもむしろ、本を読んでものを考える人なのかもしれないのだ。本郷にある東大の学生や先生が、大量の本の置き場を求めて、大学に近いが家賃の安い荒川区などに住むという例も珍しくない。

だがやはり、都心から西側山の手に住みたい人と読書好きが一致しないというのは、私の古い常識からすれば理解しがたい。西側山の手は学者、医者、弁護士、一流企業の社員などが集まっているから、当然読書をする人も多いはずだと思うからだ。

文教都市であるはずのさいたま市浦和区でも、読書好きは29％しかいない。たしかに浦和の蔦屋書店に行くと、電車で派手な広告を出しているビジネス書や自己啓発書、健康関連の本が山積みされている。決して教養書は多くない。私の持つ「読書好き」というイメージからは程遠い。

おそらく今の時代は、23区や青葉区や浦和区に住みたいと考えるのはお金があるビジネスパーソンというだけで、ビジネス書くらいは読むが、まともな文学や人文書などは読まないのかもしれない。いつも読むのはホリエモンとかなのだろう。だから、これからのビジネスパーソンは美意識が重要だ、西洋美術を教養にしろなどという新書を今さら買うのであろう。ビジネスパーソンならそれくらいの教養はあって当然だと考える私の頭が古いのである。

また、住みたい郊外別余暇行動で、読書より差が出るのは美術館を趣味とする人である。**図表5-4**の通り、こちらの1位は武蔵野市だ。2位に三鷹市、4位から6位に国分寺市、小金井市、小平市、国立市が入り、中央線の強さは明快である。

●船橋、柏、越谷、松戸はギャンブル好き

話を居住地中分類別の集計に戻そう。読書や美術館とは対照的な競馬、競輪、競艇やパチンコ・スロットが趣味である人の割合が高いのは、船橋ブロック、越谷ブロック、柏ブロック（松戸を含む）、茨城南部などで、明快に地域性がある（**図表5-5**）。JR武蔵野線沿線だとも言える。船橋市、松戸市、取手市は競馬、競輪、競艇がある地域なので、住民になるとついやってしまうのだろう。千葉県居住者でことごとく人気がある船橋ブロックはギャンブル

美術館	
熊谷市、北本市、本庄市、鴻巣市、深谷市	10.3%
さいたま市 中央区	10.0%
多摩市、稲城市	10.0%
藤沢市、平塚市、茅ヶ崎市	8.8%
越谷市	8.5%
船橋市、鎌ケ谷市、習志野市	7.4%
さいたま市 浦和区	6.5%
印西市、白井市、成田市	6.3%
流山市	5.9%
海老名市、綾瀬市	5.9%
所沢市	5.9%
その他の埼玉県	5.6%
柏市	5.1%
草加市	4.5%
松戸市	4.5%
相模原市（橋本など）	4.4%
飯能市、入間市、狭山市	4.2%
上尾市、桶川市、蓮田市	4.2%
浦安市	3.0%

資料：カルチャースタディーズ研究所＋三菱総合研究所「住みたい郊外調査」2019

中央線人は読書好き

図表5-4　住みたい郊外小分類別・余暇が美術館
（回答者数16人以上）

美術館	
武蔵野市	28.9%
三鷹市	27.1%
横浜市 保土ケ谷区	23.8%
国分寺市	23.1%
小金井市、小平市	21.7%
国立市	21.4%
横浜市 港北区、横浜市 都筑区	20.8%
西東京市（田無、保谷など）、東久留米市	18.8%
調布市、狛江市	18.0%
鎌倉市、逗子市、葉山町	17.6%
町田市	14.3%
横浜市 青葉区（たまプラーザなど）	13.7%
座間市、大和市	13.6%
横浜市 西区（横浜駅周辺、みなとみらいなど）、横浜市 中区（山手、元町、石川町など）	12.5%
さいたま市 見沼区、さいたま市 緑区	12.0%
川越市	11.9%
川崎市 多摩区、川崎市 宮前区、川崎市 麻生区（新百合ヶ丘など）	11.9%
横浜市 磯子区、横浜市 金沢区	11.8%
横浜市 南区	11.8%
昭島市、日野市、福生市、羽村市、あきる野市	11.5%
蕨市、戸田市	11.1%
川崎市 中原区（武蔵小杉など）、川崎市 高津区（溝の口など）	11.1%
立川市	10.9%
さいたま市 大宮区	10.9%
川崎市 川崎区、川崎市 幸区	10.4%

ギャンブルのある地域の人はギャンブルをする

図表5-5　居住地中分類別・余暇がギャンブル（上位）

競馬、競輪、競艇		パチンコ、スロット	
船橋・習志野・鎌ヶ谷	18.8%	柏など	18.4%
越谷など	15.5%	船橋・習志野・鎌ヶ谷	14.5%
茨城南部	10.0%	房総	11.1%
鎌倉・三浦半島	9.5%	川越など	9.5%
さいたま市	9.4%	横浜市南部	9.0%
八王子・奥多摩	8.6%	越谷など	8.6%
府中・調布・狛江	8.3%	茨城南部	8.0%
三多摩西武線	8.2%	千葉市	7.9%
柏など	8.2%	厚木など	7.7%
相模原市	8.0%	鎌倉・三浦半島	7.1%
熊谷など	7.8%	三多摩中央線	6.5%
田園都市線・港北NT	7.5%	府中・調布・狛江	6.3%
横浜市京急沿線	7.4%	横浜臨海部	6.3%

資料：カルチャースタディーズ研究所＋三菱総合研究所「住みたい郊外調査」2019

好きな人も多い、非常に一般大衆的な地域だとわかる。

●春日部も田園都市線も趣味はカラオケ

次に、余暇がショッピングだという人を見てみる（図表5-6）。春日部ブロックが1位であり47・5%、次いで越谷ブロックが43・1%と東武スカイツリーライン沿線が並ぶ。特に越谷ブロックはカラオケ、ショッピング、ギャンブルすべて上位であり、実に大衆的な地域である。

ショッピングとカラオケには地域性があまりない

図表5-6　居住地中分類別・余暇がショッピングやカラオケ（上位）

ショッピング	
春日部など	47.5%
越谷など	43.1%
藤沢・平塚・茅ヶ崎	42.6%
千葉市	42.1%
三多摩西武線	38.8%
田園都市線・港北NT	38.8%
川越など	38.1%
八王子・奥多摩	37.9%
さいたま市	36.5%
船橋・習志野・鎌ヶ谷	36.2%
相模原市	36.0%
茨城南部	36.0%
熊谷など	35.9%
三多摩中央線	34.8%
横浜市南部	34.8%

カラオケ	
越谷など	17.2%
田園都市線・港北NT	16.3%
川口・蕨・戸田	15.5%
厚木など	15.4%
23区	14.3%
町田・多摩・稲城	14.0%
三多摩中央線	13.0%
横浜市南部	12.4%
八王子・奥多摩	12.1%
相模原市	12.0%
千葉市	11.8%
船橋・習志野・鎌ヶ谷	11.6%
藤沢・平塚・茅ヶ崎	11.1%
さいたま市	10.6%
三多摩西武線	10.2%

資料：カルチャースタディーズ研究所＋三菱総合研究所「住みたい郊外調査」2019

以下、藤沢ブロック42・6％、千葉42・1％、三多摩西武線と田園都市線・港北NT38・8％となる。

またカラオケの2位は田園都市線・港北ニュータウンで、23区や中央線も上位にきており、居住地特性を超えた国民的娯楽だと言える。

春日部と田園都市線・港北ニュータウンという階層意識の違う地域でショッピングとカラオケが同じような人気だというのも興味深い話であり、年収の違いほどには文化水準に大きな差があるかどうかはわからないと言える。要するにサラリーマンの町なのであろう。

●千葉ニュータウンはゲームとマンガが好き

続いては、余暇がマンガやゲームの人である（図表5 - 7）。余暇がスマートフォンなどでのゲームだという人は千葉ニュータウンブロック居住者で多い。同ブロックはマンガも1位だ。房総や春日部も、マンガとゲームの双方が比較的上位である。

ゲームは以下、町田ブロック、房総、相模原市、柏などと続く。読書が多い三多摩中央線、三多摩西武線はゲーム人口こそ少ないが、マンガは多めである。田園都市線・港北ニュータウン、さいたま市もゲームは少なめだがマンガは多い。

●**さいたま市**はジョギング、サイクリング、田園都市線はゴルフが好き

さいたま市が1位になる余暇はジョギングである（図表5 - 8）。川越も2位。自転車、サ

千葉ニュータウン民はゲームやマンガが好き

図表5-7　居住地中分類別・余暇がゲームやマンガ（上位）

スマートフォンや携帯端末でのゲーム		マンガを読む	
千葉NTなど	26.2%	千葉NTなど	33.3%
町田・多摩・稲城	25.6%	房総	33.3%
房総	24.4%	藤沢・平塚・茅ヶ崎	33.3%
相模原市	24.0%	三多摩西武線	32.7%
柏など	22.4%	田園都市線・港北NT	31.3%
鎌倉・三浦半島	21.4%	春日部など	30.0%
春日部など	20.0%	川越など	28.6%
横浜市京急沿線	18.5%	さいたま市	27.1%
川崎市中心部・南武線沿線	17.6%	三多摩中央線	26.1%
船橋・習志野・鎌ヶ谷	17.4%	相模原市	26.0%
厚木など	16.9%	東上線	25.6%
府中・調布・狛江	16.7%	千葉市	25.0%
さいたま市	16.5%	八王子・奥多摩	24.1%
八王子・奥多摩	15.5%	越谷など	24.1%
越谷など	15.5%	茨城南部	24.0%

資料：カルチャースタディーズ研究所＋三菱総合研究所「住みたい郊外調査」2019

イクリングも5位であり、スキーも3位。体操、アスレチックは1位である。さすがスポーツ重視の県である。

田園都市線・港北ニュータウンではゴルフがダントツで1位。なるほどサラリーマンが多い地域だなという印象である。先ほど見たように田園都市線・港北ニュータウンはカラオケも2位であり、全体としてサラリーマン的生活が広がっていると言える。

こうしてみるとさいたま市居住者は読書や美術館が多いわけ

さいたま市民は健康志向

図表5-8　居住地中分類別・余暇がスポーツ（ジョギングが多い順）

	ジョギング	自転車、サイクリング	ゴルフ	スキー	体操、アスレチック
さいたま市	15.3%	11.8%	5.9%	8.2%	5.9%
川越など	14.3%	9.5%	4.8%	14.3%	0.0%
柏など	14.3%	8.2%	2.0%	2.0%	2.0%
房総	13.3%	2.2%	2.2%	6.7%	0.0%
田園都市線・港北NT	11.3%	12.5%	16.3%	7.5%	2.5%
横浜市南部	11.2%	1.1%	2.2%	3.4%	0.0%
八王子・奥多摩	10.3%	13.8%	3.4%	1.7%	0.0%
横浜臨海部	10.0%	1.3%	5.0%	2.5%	0.0%
23区	10.0%	5.7%	6.0%	3.1%	1.3%
町田・多摩・稲城	9.3%	2.3%	2.3%	2.3%	2.3%
千葉市	9.2%	10.5%	5.3%	3.9%	0.0%
松戸	8.9%	11.1%	4.4%	4.4%	4.4%
三多摩中央線	8.7%	4.3%	2.2%	2.2%	2.2%
越谷など	8.6%	5.2%	6.9%	6.9%	0.0%
川口・蕨・戸田	8.6%	3.4%	5.2%	3.4%	1.7%
府中・調布・狛江	8.3%	10.4%	2.1%	10.4%	0.0%
三多摩西武線	8.2%	10.2%	6.1%	2.0%	2.0%
熊谷など	7.8%	3.1%	3.1%	6.3%	1.6%
所沢・西武線	7.7%	7.7%	3.8%	0.0%	3.8%
厚木など	7.7%	6.2%	3.1%	1.5%	1.5%
藤沢・平塚・茅ヶ崎	7.4%	5.6%	1.9%	1.9%	1.9%
船橋・習志野・鎌ヶ谷	7.2%	5.8%	4.3%	1.4%	2.9%
鎌倉・三浦半島	7.1%	14.3%	4.8%	7.1%	0.0%
市川・浦安	6.7%	8.9%	4.4%	4.4%	2.2%
茨城南部	6.0%	2.0%	2.0%	0.0%	0.0%
横浜市京急沿線	5.6%	1.9%	1.9%	3.7%	0.0%
春日部など	5.0%	7.5%	2.5%	5.0%	0.0%
千葉NTなど	4.8%	2.4%	4.8%	4.8%	0.0%
川崎市中心部・南武線沿線	4.1%	2.7%	5.4%	5.4%	1.4%
相模原市	4.0%	4.0%	4.0%	0.0%	4.0%
東上線	2.3%	16.3%	2.3%	2.3%	4.7%

資料：カルチャースタディーズ研究所＋三菱総合研究所「住みたい郊外調査」2019

でも、ギャンブルが多いわけでも、ゲームが多いわけでもなく、マンガは読むが、どちらかというとインドア派ではなく、アウトドア派、スポーツ派であり、健康志向であると言えそうである。

また自転車は八王子・奥多摩、鎌倉・三浦半島、東上線でも多く、海や山が近いとサイクリングをしたくなるのであろう。

●千葉市で多い余暇はドライブ

千葉市でとても多い余暇はドライブだけで、2位であった（図表5-9）。千葉ニュータウンが1位、熊谷が3位なのは、自動車がなければ生活できない地域なので当然である。

また千葉ニュータウンが2位（ほとんど1位と変わらない）につけたのがガーデニングであるが、これは千葉ニュータウンにジョイフル本田という、日本最大級と言われる巨大なエクステリア中心のホームセンターがあるからだろうか。

横浜市臨海部が1位になる余暇はなく、「特にない」が2位であったが、そうなった理由は、趣味が多様化している、正規雇用が多く忙しい、若い1人暮らしが多いので健康志向型

千葉県で多いドライブとガーデニング

図表5-9　居住地中分類別・余暇がドライブ、ガーデニング、食べ歩き

ドライブ		ガーデニング、園芸、盆栽		食べ歩き	
千葉NTなど	26.2%	藤沢・平塚・茅ヶ崎	14.8%	田園都市線・港北NT	30.0%
千葉市	25.0%	千葉NTなど	14.3%	越谷など	29.3%
熊谷など	23.4%	房総	13.3%	23区	26.8%
町田・多摩・稲城	20.9%	田園都市線・港北NT	12.5%	三多摩中央線	26.1%
三多摩西武線	20.4%	川越など	11.9%	三多摩西武線	24.5%
船橋・習志野・鎌ヶ谷	18.8%	船橋・習志野・鎌ヶ谷	10.1%	川口・蕨・戸田	24.1%
田園都市線・港北NT	17.5%	横浜臨海部	10.0%	春日部など	22.5%
八王子・奥多摩	17.2%	熊谷など	9.4%	相模原市	22.0%
東上線	16.3%	横浜市京急沿線	9.3%	川崎市中心部・南武線沿線	21.6%
茨城南部	16.0%	三多摩中央線	8.7%	鎌倉・三浦半島	21.4%
横浜市南部	15.7%	三多摩西武線	8.2%	町田・多摩・稲城	20.9%
房総	15.6%	柏など	8.2%	府中・調布・狛江	20.8%
三多摩中央線	15.2%	川崎市中心部・南武線沿線	8.1%	横浜市京急沿線	20.4%

資料：カルチャースタディーズ研究所＋三菱総合研究所「住みたい郊外調査」2019

の活動をしない、といったところだろうか。

また田園都市線・港北ニュータウンは、食べ歩きが1位であった。専業主婦と未婚パラサイト女性正社員に人気の地域であるから、そういう結果になるのだろうが、なんとなく時代とずれているような気がする。食べ歩きは23区が3位だから、田園都市線・港北ニュータウンに住むとは都心に近いグルメ生活を郊外でも味わえることを意味しており、そういう生活がし

たい人が住みたい郊外なのだと言える。消費が好きな田園都市線・港北ニュータウンと、スポーツが好きなさいたま市という対比があると言えそうだ。

越谷ブロックについては食べ歩きができるほど市内の市街地に飲食店が豊富だとは思えないので、ひたすらショッピングモールの中で食べ歩きをしているのか、大宮、船橋方面などに出かけて食べ歩きをする人が多いのかはちょっとわからないところである。だがいかにも巨大ショッピングモールがある地域らしい傾向だ。

●居住地に見る階層性

居住地による趣味・余暇の差は階級の差の反映であろうか。念のため、居住地中分類別の階層意識を最後に見ておこう。階層意識を5段階に分けて見ると誤差が多いようなので、思い切って**「中の中以上」**(「中の中」「中の上」「上」の人。これを「**上**」とする)と**「中の下以下」**(「中の下」と「下」の人。これを「**下**」とする)の2つに分けて見ると、納得のいく結果が出た(注4)。

図表5‐10を見ると、最も「上」が多いのは、横浜臨海部(西区、中区、鶴見区、神奈川区)

「中の中」以上が多いか少ないかで差が出る

図表5-10　居住地中分類別・階層意識

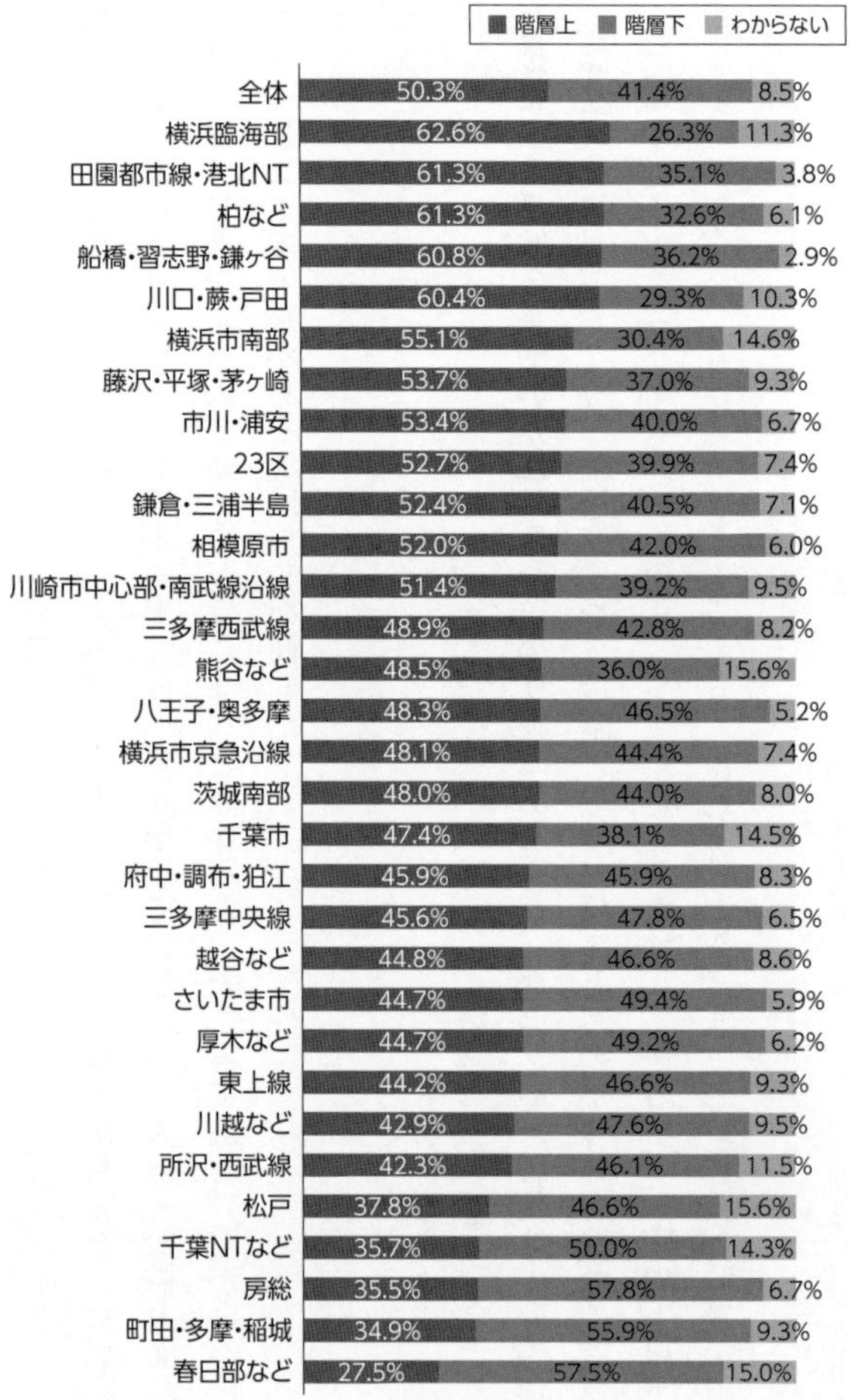

資料：カルチャースタディーズ研究所＋三菱総合研究所「住みたい郊外調査」2019

であり62・6％、次いで田園都市線・港北ニュータウンと柏が61・3％、船橋ブロックが60・8％、川口ブロックが60・3％と、ほぼ同率で上位を占めている。千葉市は47・4％、さいたま市は44・7％しかいなかった。

対して「上」が少ないのは春日部市で27・5％、次いで町田・多摩・稲城市で34・9％、千葉ニュータウンが35・7％、松戸が37・8％となっており、それ以下を見ても、所沢・西武線、川越、東上線、厚木、越谷などのブロックが並んでいる。神奈川県はなく、千葉県、埼玉県のブロックで占められる。

だが、階層意識が対照的である田園都市線・港北ニュータウンと春日部ブロックや越谷ブロックは先ほど見たように、ショッピングや食べ歩きやカラオケが好きな人が多いという点で共通している。何を買うか、食べるか、歌うかは別として、ショッピングと食べ歩きとカラオケは階層を超えた余暇なのだと言える。

また柏ブロックや船橋ブロックは、階層意識が高いわりにはパチンコ好きが多い。

以上の結果を見る限り、階層意識と趣味にはあまり大きな関係はなさそうである。むしろ、階層意識が上であれ下であれ、どういう趣味を持っているかで住む地域が選ばれる、あるいはどういう地域に住むかで趣味が規定されると言ったほうがいいのかもしれない。

首都圏は趣味によって居住地が異なるのだ。「趣都圏」なのである。あとは、原則として現住地の近くで居住地の候補が選ばれ、年収と地価の関係によって居住地が決まるのである。

注4：私は『下流社会』以降、「上」「中の上」と「中の下」「下」が増えて、「中の中」が減少し、中流の衰退と上流・下流への二極化が進むと考えていたが、もしかすると、今や「中の中」以上と「中の下」以下の2つに分裂しているのかもしれない。だが本書ではその点を深める余裕はない。

視点6 【消費する郊外】

南町田グランベリーパークから見える、ブランドショッピングが好きな人々

公園と商業が一体化

東京都町田市の鶴間にある、南町田グランベリーパークに行ってみた。2019年11月13日にできたばかりのショッピングモールである。

とはいえ、イオンモールのような箱形ではなくオープンエアであり、駅の改札を出る前からモールに入ったような、つまりディズニーランドみたいな設計になっている。

しかも隣は町田市の公園で、そこも連続している。いわば自然と商業が一体化した、「田園都市」ならぬ「公園商業地」である。

敷地面積約8・3万㎡、延床面積約15万㎡と広大であり、店舗数は234。シネマコンプレックスやスヌーピーミュージアムも併設されている。

テナントは衣料品、雑貨の有名どころでは、TUMI、NIKE FACTORY STORE、NICECLAUP OUTLET、NATURAL BEAUTY BASIC、ナノ・ユニバース、new balance golf、NOLLEY'S OUTLET、HAKKA、BANANA REPUBLIC、ハンティング・ワールド、BEAMS OUTLET、フルラ、ブルーレーベル／ブラックレーベル、MACKINTOSH PHILOSOPHY、ユナイテッドアローズ アウトレット、LACOSTE、アーノルドパーマータイムレス、REGAL FACTORY STORE、リチャード ジノリ ファクトリーショップ、ティファールストア、Wacoal FACTORY STORE、LEVI'SOutlet、LE CREUSET そしてレクサス町田グランベリーパークなどなど、頭がくらくらするほどたくさん揃っている。

ものすごく均質な客層

取材当日（11月29日）は雲一つない晴天であり、平日午後にもかかわらずたくさんの客が来ていた。土日はもっととんでもない数の人が集まるという。

東名高速横という立地だから商圏はかなり広いはずだが、それでも客層を見ていると驚くほど均質である。年齢は乳幼児連れから70代まで幅広いが、身長も体形も髪の色も着ているものも、ほぼ同じように刈り揃えられているように見える。生活水準の偏差値が59から61までの人しかいない感じだ。グランベリーパークが似合う人、という基準で選別されているかのようである。まるで映画の『トゥルーマン・ショー』だ。

そしてそして、今でもこんなにモノが欲しい人がたくさんいるんだね、というのが私の受けた最も強い印象である。そりゃあ、長津田駅を過ぎたとはいえ田園都市線だし、かの「金妻」の舞台のつくし野は隣駅である。おしゃれな家族がたくさん住んでいるのである。だが、大金持ちというわけではない。

ちゃんと店にたくさん客が入っているのは、吉祥寺中道通りとは大違い（視点5参照）。どうしてこんなに客がちゃんとモノを買っているのかというと、アウトレットが多く、かつオープンしたばかりでもあるのでバーゲン品がたくさんあるかららしい。

誰にとっても欲しいブランドがある

ブランドは前述したように、高級ブランドではないが有名ブランドが中心。70代向けのアーノルドパーマーから、バブル時代に流行ったハンティング・ワールド、団塊ジュニアが若い頃に流行ったナイスクラップなど、どの世代の客が来ても自分の世代のブランドだと思えるものが揃っている。かつ、無印とユニクロはない。中流だけど、ど真ん中よりはちょっと上という人、少なくともそうありたい人が集まってくるのだろう。でも、裕福ってほどではないから、有名ブランドを少しでも安く買いたいという人々。たまに玉川

南町田グランベリーパークの様子

高島屋や新宿伊勢丹に行く人。でも、裏原宿で変わったブランドを買うとか、高円寺で古着を買うとかではない人。そういう客層であろう。

視点7【郊外の新しい人間関係】

小金井の中央線らしい風土が生んだ懐しい店、顔の見える場所づくり

ものすごく賑わっていた「はけのおいしい朝市」

　小金井市の多くは武蔵野台地の上にあるが、中央線の南側に、台地から野川に下る河岸段丘（はけ）が続いている。そのはけに沿って散歩に最適な道があり、小金井では「はけの道」として昔から親しまれている。特に春、桜の季節の風景は実にのどかで、心が安らぐ。

　はけの道の南に野川が流れていて、そのまた南に武蔵野公園がある。小高い丘のある、なかなか良い公園である。

　野川を下ると三鷹市になるが、そこにも野

小金井にはジブリ的風景があふれている

川公園がある。どちらの公園も休日には子ども連れの家族で賑わう。夏には川でザリガニなどを捕る子どもが集まる。ここが東京？という平和な風景が広がる。

思えばここはジブリの聖地。街を歩くと、宮崎駿がここでスケッチしたんじゃないかという風景に何度も出会うことができる。

コーヒーを屋台で売る

「はけのおいしい朝市」は10年ほど前から毎月実施されているという。

２０１９年４月は小金井市内を中心に、各地から集まった屋台が30店ほど出た。飲食、雑貨、古本、マッサージ、写真館など、けっこう「業種」は多様だ。

行ってみてびっくりしたが、正午時点で１

たくさんの人が、顔の見える関係を求めて集まる

０００人以上が集まっていた。飲食の屋台はどこも行列である。客層は30代中心で、ファミリーや若いカップルが多い。

はけのおいしい朝市を当初から主催してきたメンバーのひとりが、鶴巻麻由子さんだ。15年ほど前、新居をあくまで家賃の基準で探していたが、小金井に初めて来て一目で気に入った。自然が豊かで、のんびりしていたからだ。

鶴巻さんは学生時代から喫茶店が好きで、神保町の喫茶店でアルバイトをしていた。そこで、小金井では屋台を引いてコーヒーを売る仕事を始めた。軒先を貸してくれる店を探し、そこに屋台を出して売るのだ。

建築の世界では最近、若い建築家らが屋台をつくるのがなぜか流行っている。だが十数年前から、鶴巻さんの他にも軽トラや屋台や自転車の荷台でクッキーやベーグルを売る女性が増えていた。その一つ、阿佐ヶ谷や西荻窪でベーグルを売っていたのが、数年前、西荻窪「乙女ロード」に店を開いた女性二人組のポチコロベーグルだ（現在は閉店）。

そうするうちに知り合ったのが、「ペタル」という花屋をしている森このみさん。そこに野川の近くでおむすび屋さんの「アヤキッチン」をやっていた潮田彩さんが加わり、3人が意気投合して朝市を開こうということになった。それがはけのおいしい朝市の始まり。

「都心へ通勤するのに便利な駅前のマンションに住んで駅前のスーパーで買い物をするというライフスタイルもありですが、せっかく小金井に住むなら、はけを知らないのは惜しい。はけを知った人は、はけが気に入って、その近くで暮らしたくなったり、子どもを連れてきて遊んだり。そういう人が増えてきて、朝市にも来てくれている」

屋台をしたり、朝市をしたりするのは、顔の見える関係の中で物を売りたいからだという。会話をしながら売りたい。何てことはない会話だが、どこから来たんですかとか、これはどういうコーヒーなんですかとか、そういうやりとりをしながら売り買いする。だから「売る側と買う側の信頼関係が加わるのがよい」という。

丸田ストアーは懐かしくて新しい

鶴巻さんと森さんは今、小金井市前原町の同じ店に出店している（鶴巻さんは屋台も続け

丸田ストアーの外観

総菜と焼き菓子の店「スプンフル」

ているし、小金井の梶野町にも店があるが)。

店の名は「丸田ストアー」という。私は一目見て気に入った。懐かしい気持ち。でも新しい店が入り、かつオープンな雰囲気。ありそうで、なかなかない。これはいい！　と思った。

こういう店は、昔は日本中のどんな町にもあったと思うが、八百屋と肉屋と魚屋などがひとつ屋根の下に集まった小さな市場(いちば)のような場所だ。「〜デパート」「〜スーパー」と名乗るところもある。

しかし丸田ストアーでも、店主たちも高齢化し、店が抜け始めた。最初に抜けた駄菓子屋さんの後に入ったのが、眞嶋麻衣さんの総菜と焼き菓子の店「スプンフル」だった。

取材当日、正午を過ぎると、子どもを連れた近くのママたちが自転車で集まってきた。そしてスプンフルなどで食事を買い、2階の「とをがギャラリー」に上がって食べる。2階は、アート教育などの仕事をしている男性とそのパートナーと仲間たちが借りて、現在は子どものためのフリースペースとして使う場所なのだ。子どもたちもママたちもみんな楽しそうだ。

地域の方に愛されるストアー

眞嶋さんは丸田ストアーの目の前で育った。小学生時代からお使いにも来た。専門学校卒業後はずっと飲食関係の仕事をしていた。田舎暮らしをして農業をやっていたこともある。マクロビオティークも実践した。

田舎暮らしから実家に戻ってくると、丸田

森さんの花屋「ペタル」

花屋の奥は鶴巻さんのコーヒー屋

ストアーに空きが出た。早速そこに自分の惣菜屋を出したのが9年前。

しかし魚屋さんと、その奥さんが開いていた乾物屋さんが高齢化により退店した。肉屋さんも入院して一時休業。これはまずい、と眞嶋さんは思った。子どもの頃からずっと慣れ親しんできた、自分の原風景とも言える店がなくなるのはさみしかった。

そこで鶴巻さんと森さんに声をかけた。ふたりとは朝市で知り合っていた。ふたりは快諾してくれた。それが2年足らず前。鶴巻さんは自分で焙煎したかったので、丸田ストアーでは森さんのパートナーから借りた焙煎機を使えることも出店の理由だった。

さらに八百屋さんも抜けたが、そこにも江頭みのぶさんという、小金井で地場野菜の販売を数年にわたりやっている女性が入った。朝採れたばかりの旬の野菜を売るので葉っぱが青々としていて、見るからに新鮮だ。

顔の見える人間関係を大事に

自分の娘のような女性たちが店を始めると、残っていた肉屋と総菜屋のおじさん、おばさんたちも俄然やる気が復活した。眞嶋さんから見れば彼らは商売の先輩であり、9年間でたくさんのことを学んできた。自分の店に来ないお客さんにも挨拶をするとか、店とお客さんとの信頼関係が地域の小さなこういう店にとっては大事だと、背中で教わった気がするという。

眞嶋さんも顔の見える関係を重視する。それは、どこで採れたかわかるから、安心、安全。そしてお金の流れがわかるということでもある。実際、野菜も肉も丸田ストアー内で買う。お互いに自立しつつ協調しあう関係ができている。

自分がやりたいことはやっぱり地域に愛されるストアーなんだと今は再認識している、と眞嶋さんは言う。

新しい郊外のあり方

18年前、私は吉祥寺に自分の仕事場を移した。近くのマンションの一室にかわいい雑貨を売る女性がいた。当時20代後半だったろうか。彼女も、顔の見える関係の中で雑貨を売りたい、自分のつくったものがどんな人に使われるのか知って売りたい、だから他のお店には卸さないと言っていた。

また当時、私は井の頭公園のフリマもよく取材していたが、帽子や絵や雑貨を売る彼らが言うことも同じだった。カフェと花屋とギャラリーが一緒になったような店を開いて、自分のつくったものをきちんと届けたいとみんな言っていた。

顔の見える人間関係を楽しむ消費社会。山崎正和が１９８４年の著書『柔らかい個人主義の時代』で予言したようなことが起きていると感じた。それが私の著書『第四の消費』の大きなテーマにもなった。

たしかに朝市、マルシェは全国でブームである。日常的には行かないお店であっても、朝市として店を出すと人が集まるという不思議な現象が起きている。そこに人々は、チェーンストアーとは違う、顔の見える関係を期待するのだろう。

　このように自然の豊かさ、手づくりの食品、顔の見える人間関係、子どもや地域の居場所、アートといったテーマが混ざり合いながら、単なる消費生活の場とは異なる新しい郊外のあり方がつくられている。

結

クリエイティブ・サバーブの時代

●新しい生き方をつくることがクリエイティブ

これからの郊外に必要な概念、それが「クリエイティブ・サバーブ」である。序章で書いたような、「ワーカブル」で「夜の娯楽」があり、多様なスキルと物と場所の「シェア」ができ、そこで生まれる多様な人間関係の中から新しいものがクリエイトされる郊外というものをひとことでまとめて「クリエイティブ・サバーブ」と名付けてみたのである。

実のところ「クリエイティブ」なんていうと、いかにも1980年代に若かった世代らしい感じでちょっと嫌だったのだが、今の若者も、先日会った台湾でシェアキッチンをつくっている若者も、クリエイティブであることには肯定的らしいから、まあ、いいことにした。

だが、ここでいうクリエイティブは、80年代みたいに広告をつくるとか、コピーライターになるとか、物をデザインするとかいったことだけではない。今という時代においては、街をつくる、人間関係をつくる、コミュニティとコミュニケーションをつくる、多様性に対する寛容度の高い地域をつくる、もっと言えば新しい生き方をつくる、といったことがクリエイティブである、と私は考える。

だが、そういう街やコミュニティのデザインというのは、ほんの4、5年前までは地方で行われてきた。実際、コミュニティ・デザインという活動は地方の離島や山間地域からスタートした。だが、これからは郊外でこそコミュニティ・デザインが必要になる。

●ハモニカ横丁的なものを郊外の住宅地にという発想

かつて私は、建築史家の倉方俊輔氏に頼まれて、彼の『吉祥寺ハモニカ横丁のつくり方』（彰国社、２０１６年）という本のために、彼とハモニカ横丁を再生した手塚一郎さんと鼎談《ていだん》をしたことがある。

そこで倉方さんに、ハモニカ横丁のようなものが今後どこにつくれるかと訊《たず》ねられて、私は都心などの商店街よりも郊外の住宅地でつくれないか、「たとえば京王線の奥のほうで乱開発されたような住宅地に」つくれたら面白いと、実は苦し紛れに答えた。吉祥寺のような雑多なにぎわいをこれから必要とするのはむしろ住宅地であると思ったからである。

だが苦し紛れの答えの割には予言力があった。この3年、まさに郊外の住宅地で面白い動きが出始めたのだ。本書で紹介したFUJIMI LOUNGE（視点2）は、まさに京王線の（奥のほうじゃないけど）調布の駅からは遠い住宅地にある。

その他、多摩ニュータウンや国立市の谷保の団地、横浜市西区や埼玉県の鳩山ニュータウンの一戸建てなどに、横丁とまでは言えないものの、スナック的なものができている（拙著『100万円で家を買い、週3日働く』など参照）。それらは、いずれも建築家が絡み、あるいは建築家が自分の自宅や設計事務所と飲食業やシェアプレイスをあえて同居させている。

現代の若い建築家は、単に建築作品をつくるのではなく、その建築が地域にどう開かれ、地域でどう使われていくかを考える人たちが多い。それがまさに現代のクリエイティブなのである。そのクリエイティビティが今後は郊外でこそ活かされるべきであるし、そうした動きの多数集まる郊外がクリエイティブ・サバーブとして発展していくだろう。

●クリエイティブ・サバーブは郊外の中の下町にできやすい

こういうクリエイティブ・サバーブは、実のところ純粋な戸建て住宅地よりも商工住混在の下町っぽい地域、あるいは一戸建て住宅地よりも集合住宅の団地、特に古い団地が多いエリアのほうが生まれやすいのではないか。

純粋な戸建て住宅地は異物を排除しがちである。静かな環境を求めてきた住民は、住むこと以外の生活を住宅地に入れたがらない。静かに音楽を聴いて、読書をして、食事をして、寝て、という家族だけの平穏な暮らしを乱されたくないと考え、むしろ家庭を外の社会から隔絶させることを大事にするからだ。

だから、古くなった住宅地の空き家にカフェをつくるなんていうと大騒ぎになる。保育園ができると「子どもの声がうるさい」と反対する人がいるのは周知の事実である。

その点、もともと下町的な商工住混在地域は、多様な職業の人々が行き交い、働く場所である。そこでは最初から社会、世の中というものがあって、家族はそこにあらかじめ埋め込まれているし、そもそも単身者の多い下町では、親と子からなる家族というものはあまり重要ではない。血族よりも、親方と弟子、大家と店子《たなこ》といった擬似家族的な人間関係が中心である。他人同士が仕事や遊びを通じてつながるのが当たり前であり、そのつながりがないと仕事も暮らしも成立しない。そこでは常に、他所から他人が入り込んでは出ていく。

古い団地も、できた当初は昔ながらの人間関係があって、あまり閉鎖的ではなかった。

そのように考えると、「ワーカブル」で「夜の娯楽」があり「シェア」がしやすいのは、純然たる住宅地よりも下町的な場所であろう。そのことが一因だと思うが、本書の分析でも、女性の就業率が高い地域は、中央区、江東区、墨田区などの都心部の下町であり、昭和の一大工場地帯であった川崎、川口、蕨、戸田、和光、朝霞などであった。

これは、それらの地域の工場や倉庫の跡地にマンションが供給されたためであり、そこに共働きであれ1人暮らしであれ女性就業者が住みやすいからである。専業主婦の多い、均質な、しかしどことなく「リア充」すぎて排他的な雰囲気のする純然たる住宅地では、女性就業者は心理的にも生活の利便性という観点からも住みづらい面がある（男性単身者も住みづらい。男性単身者の多い地域と専業主婦の多い地域の対比を見よ！　**口絵3と7**）。

●東京北側で目立つクリエイティブ活動

それに対して、下町的な要素のある地域では、女性が働くことはもともと当然である。また雑然とした町並みや古くからある商店街はかえって安らぎを与えるだろう。

また、こうした地域では近年老朽化した住宅や商店に空き家、空き店舗が多いため、まちづくり、商店街再生、リノベーションなどの活動が求められやすい。

考えてみると、近年注目されているリノベーション活動は、本書が注目してきた地域に多いのではないか。豊島区南池袋公園の再生（注5）、谷中の「まちやど」の活動、西日暮里駅直結の空き物件をリノベーションしたインキュベーション施設「西日暮里スクランブル」、西武池袋線椎名町駅での「シーナと一平」、視点3で紹介したNENGOの活動などなど、まさに「東京北側」「神奈川北側」で目立つのだ。

こうした活動が今後は荒川区、北区、板橋区などに広がり、さらに埼玉の川口、蕨、戸田、和光、朝霞、草加などでも盛んになっていくのではないだろうか。

注5：豊島区は2016年に「国際アート・カルチャー都市構想実現戦略」を策定。「まち全体が舞台の誰もが主役になれる劇場都市」を実現する空間の核として、16年にリニューアルオープンした芝生広場で多くの人がくつろげる南池袋公園、19年にリニューアルオープンした池袋西口公園と中池袋公園、20年春に完成予定の造幣局跡地の新公園、以上の4公園をそれぞれ特徴を持たせ、利用者の回遊を狙うという。

南池袋公園は「都市のリビング」をコンセプトにし、地元企業が運営するカフェレストランなどがあり、池袋駅東口から公園までの動線となるグリーン大通りと一体となったマルシェも毎月開催。ファミリー層を中心に地元民に定着した。

19年10月にオープンした中池袋公園は、「アニメの聖地」として知られる池袋を世界に発信する拠点として位置付けられており、アニメやコスプレ関連を中心としたイベントを開催していく。同公園は11月1日に劇場が先行オープンした複合施設「ハレザ池袋」の前にあり、劇場と連携したイベントも開催予定であるなど、今後4公園を連動した文化活動を展開していく（参考資料：日経BP総研「新・公民連携最前線」２０１９年12月20日、文：三上美絵）。

●寛容度と文化度がクリエイティビティを高める

また、池袋、西日暮里、そして川口、蕨までの地域は外国人が多い地域とも重なり、今後ますます多様性に対する寛容度が高い地域になっていくはずである。そのことが地域をよりクリエイティブにしていくはずだ。

今さら引用するのもはばかられるが、アメリカの社会学者のリチャード・フロリダは「クリエイティブ都市」の条件として、よそ者を排除せず、多様な文化や価値観を受け入れる寛容性に富んでいることを挙げ、

「ゲイ指数」（人口に占めるゲイ人口の割合）

「ボヘミアン指数」（人口に占める作家、デザイナー、ミュージシャン、俳優、アーチスト等の割合）
「メルティングポット指数」（人口に占める外国生まれ人口の割合）

をクリエイティブ都市度の指標にした。

この説に従えば、外国人が増加し、今後もさらに増加しそうな「東京北側」こそが「メルティング・スポット指数」が高く、クリエイティブ都市、クリエイティブ・サバーブになる可能性が高い。

また、今回の「住みたい郊外調査」でも読書や美術館を趣味とする人は三多摩中央線、三多摩西武線、府中・調布、埼玉県などの住民で比較的多いことがわかっている。そうした文化に対する理解はクリエイティブ・サバーブをつくるための、必須条件である。

また、それらの地域には人口に占める作家、デザイナー、ミュージシャン、俳優、アーチスト等の割合が高い（つまり「ボヘミアン指数」が高い）と思われているが、実際に統計からもそれは明らかになっている。

ハイライフ研究所が２０１０年の国勢調査から大学教員、著述家、彫刻家・画家・工芸美術家、デザイナー、写真家・映画撮影者、音楽家、舞踏家・俳優・演出家・演芸家の７分類の職業を「創造的職業」と定義し、それが多い地域を分析した結果でも、絶対数では世田谷区、杉並区、練馬区が突出して多く、人口比率でもその3区は比率が高い。

特にデザイナー比率は杉並区、世田谷区、三鷹市で高い、彫刻家・画家・工芸美術家比率は武蔵野市、練馬区、西東京市、国分寺市、小金井市で高い、写真家・映画撮影者は世田谷区、狛江市、中野区、調布市、清瀬市、西東京市で高い、音楽家は世田谷区、国立市で高い、という傾向があり、中央線沿線とその近辺の高さが明らかである（ハイライフ研究所「東京10km～20km圏、その魅力。〃生き続けられるまちとは？〃」2015年）。

ゲイ人口の割合はわからないが、歌舞伎町はもちろん、サブカルチャーの強い高円寺、中野界隈でそうした人々を見かける機会は多い。

●下町ほど官能的である

また LIFULL HOME'S 総研が2015年に発表した画期的レポート『Sensuous City［官能都市］』（全国の都道府県庁所在地、政令指定都市など134市区部に居住する20～64歳までの男女1万8300名対象。）においても、最も官能的（センシュアス）な都市の1位は首都圏では文京区であり、以下、武蔵野市、目黒区、台東区、品川区、港区、千代田区、保土ケ谷区、渋谷区、荒川区、八王子市、昭島市、葛飾区などとなった。上位4位は都心ではなく、武蔵野市、八王子市、昭島市はほぼ中央線沿線であり、台東区、荒川区、葛飾区は広義の下町であり、東京北側の区である。郊外より23区内が選ばれるのは当然としても、山の手の区より下町の区が上位にくるのが興味深い。これは官能的であることの隠れた条件として、郊外的な均質性よりも都市的・下町的な多様性への寛容度が含まれているからではないかと思われる。

●空き家・空き店舗は地域再生のための宝の山

そもそもなぜ、「東京北側」でまちづくりやリノベーションの活動が活発なのか。まず、それらの地域には工場や倉庫の跡地や空き家、空き店舗などが多い。しかし東京西側、南側より開発が遅れたので、まだ対策を講じられずに残っているところがたくさんある。

「東京東側」の墨田区京島周辺では20年以上前からアーチスト・イン・レジデンスやシェアアトリエが盛んだが、これも京島に古い住宅や商店、工場、倉庫が空いていたからであり、安い家賃で創作活動にいそしめる場所としてアーチストが各地から移り住んできたのだ。そして彼らが一つの核となって、街の再生活動も盛んに行われてきた。

かつ歴史的に多様な地域からの「移民」を受け入れてきた京島には寛容性が高く、隣近所の付かず離れずの顔の見える人間関係が豊かに存在する。そうした要素が京島を世界的にも注目されるクリエイティブなアートの街に育ててきた。

こうした動きが今後、郊外も含めて「東京北側」に広がっていくのではないか。それらの小規模な空き家、空き店舗、空き工場などが混在した地域の再生のためには、もっと多様な発想でそれらの使い方を考えていかないといけない。クリエイティビティが必要であり、かつクリエイティビティを刺激する地域としてクリエイティブ・サバーブはあるのだ。

●クリエイティブ・サバーブと下町ブームの関連

少し話がそれるが、クリエイティブ・サバーブが下町的な商工住混在地域で発展していることには、そもそも近年、東京のいわゆる下町自体が人気を増大させてきたこととも、時代感覚的にはつながっているように思える。

東京の下町の発展には四つの段階がある（拙著『東京田園モダン』参照）。

第一下町は江戸以来の下町であり、旧区名で日本橋、神田、京橋が該当する。1920年ごろが人口最大であり、その後はオフィス街化し人口が減る。

第二下町は明治・大正以降に発展した地域で、旧区名では浅草、下谷、本所、深川、芝（芝浦側）が該当する。震災前に人口が急増したが震災後は減少し１９４０年が人口最大である。門前仲町、木場などがあり、江戸時代からおきゃんで粋な辰巳芸者が人気だったという深川ですら下町と言われ始めたのは昭和（１９２６年〜）に入ってからだという。

第三下町は昭和以降（関東大震災以降）発展した地域で荒川、向島が該当する。震災後に人口が急増し１９４０年が人口最大である。本所、深川、荒川、向島は大小の工場が多数立地し、戦後の高度経済成長期まで日本の産業を支えた。

第四下町は戦後発展した地域で城東、江戸川、葛飾、足立が該当する。震災後人口が急増し、戦後も団地建設などで人口が増加した。

つまり、東京の下町は都心から見て東側と北側に発展してきたのだ。そして２０００年以降は工場や倉庫の跡地にマンションが建ち、人口が増え、地価も上昇する地域となった（序章参照）。高度経済成長期までの公害や危険さもなくなり、どことなく残る下町情緒や安くて美味い料理を求めてそれらの地域に多くの人が散歩に訪れる時代になった。

実はこの下町ブーム、起源を探ると１９７０年代初頭にある。たとえば１９７２年９月５

日号の『アンアン』に「とじこみ大特集　東京の下町」という記事がある。対象となるのは築地、深川、入谷、日暮里、谷中、柴又など。読者が自分の住む町、通う町を紹介している記事だが、そういう記事が、三宅一生、山本寛斎らの有名デザイナーや、原宿、青山、六本木、渋谷などのブティック紹介記事、ヨーロッパ旅行の記事などと一緒に並んでいる。下町が観光の対象になる時代になったのである。

また『ノンノ』1971年7月5日号、なんと創刊第2号では、「ポップな街『浅草』探検」という記事がある。カラーグラビア記事であり、モデルが流行のホットパンツ（ショートパンツ）をはいて太ももも露わに、浅草の御輿を担ぐ若い衆に肩車をされている。

テキストには「いま東京でいちばんポップでたのしい街!!　浅草のこと、すぐ庶民的だの斜陽だのって言うけど、そう言う人ってセンスないんだなァ。新宿や六本木に飽きた人なんか絶対うれしがっちゃう新鮮さとフシギさと独特の美意識がやたらころがっているんですよ。（中略）今ふうになろう、西洋っぽくしようなんてアセってないもん。（中略）日本的ないいものはたくさんあって……その中にロンドンに負けないポップなものがあるんですよ。」という具合だ。こういう記事が先ほどの『アンアン』同様、南スペイン旅行、人気フランス俳優アラン・ドロンのパリの自宅などのカラーグラビア記事と並んでいるのである。

つまりこの頃から下町は、西洋化したライフスタイルを持ち始めた日本人からエキゾチックな存在として再評価されるようになったのである。だが私の記憶では１９８０年代にはそうした下町評価の動きは弱まっており、渋谷、青山、六本木という最新の都会的な文化が隆盛を誇った。ところがバブルがはじけて、１９９０年代も終わりになると、再び下町ブームがやって来た。

１９７０年代初頭、建築家たちにも下町評価の動きはあった。東京芸術大学建築学科出身の３人からなる集団コンペイトウは、１９６９年から71年にかけてアメ横の研究を行った。近代的な都市計画の限界が叫ばれた当時においては、都市を計画論ではなく、生きている人々の視点からとらえようとした試みであった。そういう意図をもって都市に立ち向かったとき、近代的都市の典型とは対極にある下町の猥雑な商店街が選ばれたのだ。

あるいは建築家の望月照彦は１９７０年から『都市住宅』に屋台、露店、飲み屋街、浅草、佃、月島などの研究を連載した。「社会階層の序列としては、下位なものとしてその位置付けを与えられた下町」は「人間の生活パターンとリズムの多くを内含」しており、「下町の存在しない都市は滅亡する。下町の優位性を継続的に保持し得ない都市は衰退する。これは明確な歴史的事実である」と主張した（望月照彦『マチノロジー』創世記、１９７７、２９０ページ）。

下町ブームは1970年代から始まった

図表6-1　下町、山の手、職人に関する本の発行年別点数

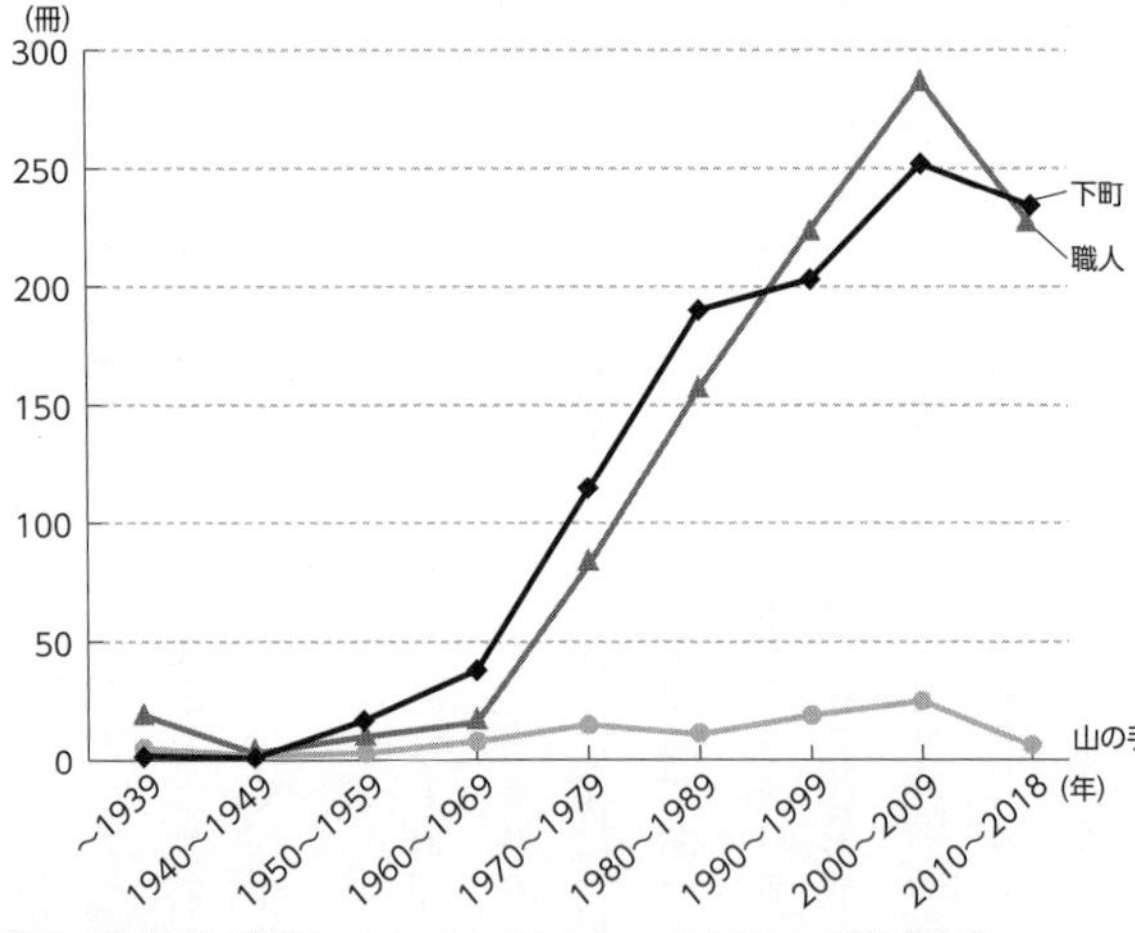

資料：東京都立図書館データベースからカルチャースタディーズ研究所作成

下町関連の図書を東京都立図書館データベースで検索すると70年代から急増し、80年代は伸びが鈍化するが、90年代からまた増え2000年代にピークに達する。職人関連の本も下町関連と同じように増えている。山の手の本は横ばいなのに、下町や職人関連の本が増えているのだ（図表6-1）。

このように現代は下町評価の時代である。山の手への関心は薄まっている。いや、ほとんどない。

なぜ下町が評価されるのか。バブル時代までとは異なり、現在、人々にとって未来は不安であり、経済的観点からも環境的観点からも、物質的な豊かさの追求には関心を持てない時代である。新しい物を次々と

使い捨てていく消費社会には疑問を持っており、単身者が増え、高齢者が増えていく中で、むしろ人間同士のつながり、付き合いに人々の関心が向かっている。あるいはＩＴだＡＩだ５Ｇだ８Ｋだという最新技術の果てしない発展の中で、バーチャルではない直接的な顔の見える人間関係を求める人が増え、また機械ではなく人間にしかできない創意工夫や、職人的手仕事を見直す人が増え、あるいは身体性のある官能的なものや場所を求める人が増えている（ますます増えていく）と考えられる。そういう時代の中で、下町的な場所が人々を、特に若い世代を引きつけるのではないだろうか。

●これからの郊外類型・4つのC

クリエイティブ・サバーブと対極にあるのが、従来通りの静かで清潔な住宅地としての郊外、いわば**「コンサバティブ・サバーブ（保守的郊外）」**である。**口絵4**で見たように専業主婦が多く、年収が高く、高級消費志向が強い地域である。東急田園都市線沿線を中心とした「第四山の手」がほぼそれに相当する。あまり歴史のない丘陵地帯を切り開き、近代的都市計画思想にもとづいて、住宅地中心のまちづくりがされている（注6）。

他方、消費志向がそれなりに強いが、高級消費志向ではなく、大衆消費志向の強い郊外がある。これを「コンサンプティブ・サバーブ（消費的郊外）」と名付ける。越谷、春日部、船橋、柏などのブロックが典型である。かつて私が名付けた「ファスト風土化」した郊外であり、アメリカ型の車に依存した地域で住宅地と大規模商業施設がセットになっている。

実際、越谷市では2020年1月27日、JR武蔵野線南越谷駅と東武スカイツリーライン新越谷駅が交差する両駅前周辺の街づくり構想案を発表した。これは「南越谷駅・新越谷駅周辺地域にぎわい創出懇談会」の提言を受けたもので、人工的な越谷レイクタウンと対比し、有数の商業地区でもある南越谷エリアの持ち味は「渾然《こんぜん》とした飲食店の機能」と指摘し、単純な拡大志向とは異なる都市の魅力を測ろうとする「センシュアス・シティ（官能都市）」（260ページ）の考え方を導入しようと決めた。官能都市は、人が肌で感じられるまち、人が集まってにぎわいをつくるまちを生み出すための概念として採用されたという。『センシュアス・シティ』報告書に協力した私としても喜びに堪《た》えない。コンサンプティブ・サバーブがクリエイティブ・サバーブに変わるきっかけとなるだろう。

コンサンプティブ・サバーブの住人は、ショッピングモールに行く頻度が月数回以上あり、他方、美術館を余暇とする人があまり多くないが（図表5－4）、カラオケは多いというタイプである（図表5-6）。ギャンブルも好きである（図表5-5）。

対してクリエイティブ・サバーブの典型である三多摩中央線居住者は読書、美術館を余暇とする人が多い（図表5-1）。中央線の北部である三多摩西武線居住者も読書、美術館が多く、小江戸の歴史を持つ川越も読書が多い。川口も読書も美術館も少なくなく、高度成長期の工場地帯から、ホワイトカラーの住むマンション街へと変わったことがわかる。

ただし、「コンサンプティブ・サバーブ」に含まれる越谷、草加、春日部などは日光街道の宿場町であり、その歴史を生かせばクリエイティブ・サバーブに転換する可能性もあるだろう。

また、クリエイティブ・サバーブでもコンサバティブ・サバーブでもコンサンプティブ・サバーブでもない地域としては、首都圏周縁部の奥多摩、秩父、房総、箱根方面がある。これを**「カントリー・サバーブ」**と名付ける。

この地域は本来、自然豊かな観光地、保養地であるが、バブル時代の異常な地価高騰のとき、瞬間的に住宅地としても開発された地区を含む。近年は人口減少に悩む地域であるが、本来は農山村、漁村地域なのだからむしろ今後はカントリーとしての魅力をアピールすべきだろう。

注6：1987年に私が編集した『東京の侵略』では「第四山の手論」が私の想像以上にあまりに衝撃的だったらしく、同書は郊外新興住宅地を賞賛するだけの本だと、相当著名な学者でも誤解しているが、同書の巻末の写真家・藤原新也とパルコ社長・増田通二の対談を読むだけでも、同書が郊外への深い疑問を呈示した書であることがわかる。そうでなければ私がその後も郊外を研究し続け『家族と幸福の戦後史』などを書くはずがない。

●クリエイティブ・サバーブはどこに生まれるか？

こうした4つの郊外の定義を具体的に地域に落とし込んだ地図が次のページにある（※口絵8と同内容）。やや大胆な地図であるが、おおむねイメージに合っているだろう。

クリエイティブ・サバーブは、前述したニューダウンタウン多摩川を軸として横浜中心部や武蔵野、調布、国立方面に広がり、かつさらに北側へと広がりつつあるものとした。

「クリエイティブ・サバーブ」になりやすい地域は、先述したように下町的商工住混在地域や学生街であり、また調布、川崎市中原区、高津区など宿場町としての歴史を持っている

郊外の4類型

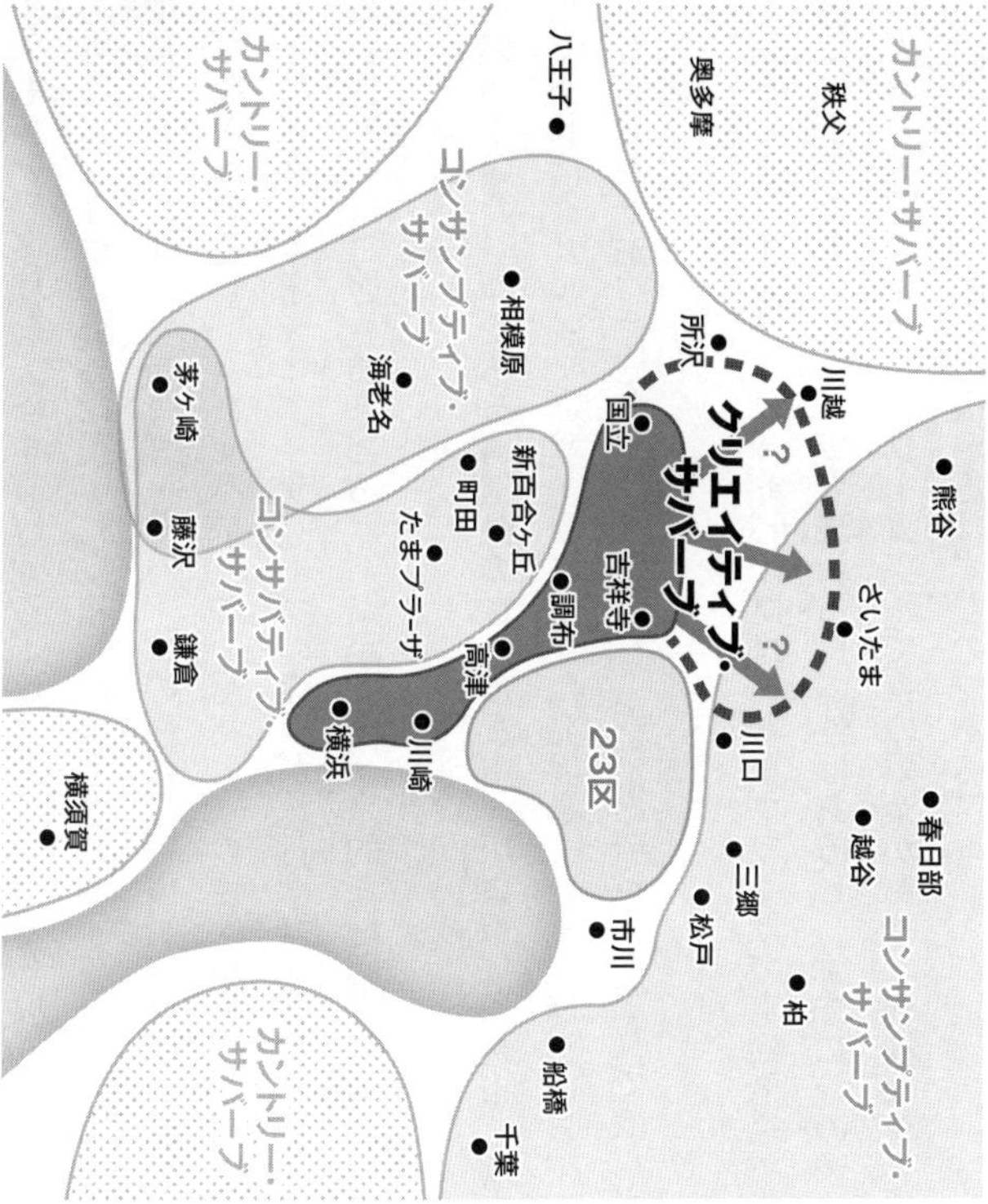

資料：カルチャースタディーズ研究所、2019

ケースも多い。多様な人々を許容する土壌があるのである。

もちろん、４つの郊外は現実には相互に重なりあっている。コンサバティブ・サバーブの中にも、コンサンプティブ・サバーブの中にも、カントリー・サバーブの中にもクリエイティブな人はいるし、コンサバティブ・サバーブの住人が昼はクリエイティブ・サバーブで働くとか、クリエイティブ・サバーブの住人が休日はコンサンプティブ・サバーブのモールで買い物をすることもあるだろう。だが、理念型的な地図としてはこのようになるのではないか。

本書の主題の一つである埼玉県のさいたま市、川口市、川越市、所沢市などについては、本当であればクリエイティブ・サバーブに発展していってほしいし、そうなるだろうという期待もあるのだが、「住みたい郊外調査」の結果から見た限りでは、まだそこまでの特徴はない。

もちろんクリエイティブ・サバーブは、たまプラーザでも海老名でも春日部でも松戸でも船橋でも千葉でも、どこにでも現れる可能性はあるし、すでにその予兆はいくつかある。郊外の現状の課題を克服し、ワーカブルで夜の娯楽があり、多様なシェアができる地域になっていけば、その可能性は広がるはずなのである。

注7：現在、高円寺、阿佐ヶ谷、西荻窪といった中央線のクリエイティブ・サバーブの原型とも言える街では、駅周辺道路の拡幅などの開発の計画がある。下町っぽさもあり、多様性があり、比較的安価で借りられる住居、商店もまだあることで、クリエイティブ性の母胎となっている街が壊されようとしているのだ。

街をチェーン店のように均質化し、画一化するチェーン型再開発、ファスト風土型再開発、あるいは消費機能だけを高めた吉祥寺のような開発（視点5）が進むなら、中央線からクリエイティブ・シティはなくなり、クリエイティブな人々は郊外に逃げるだろう。そしてそのことがむしろ、視点2、3、7でも取り上げた調布、川崎、小金井などにおけるクリエイティブ・サバーブの発展に寄与するかも知れない。

もちろん高円寺、阿佐ヶ谷、西荻窪では、たとえ開発が進むにせよ、住民たちの力により、視点2で取り上げた下北沢の例のように、その街らしい工夫がされることだろうとは思うが。

まとめ　～あとがきに代えて～

光文社新書から出した現代郊外論としては、２０１２年の『東京は郊外から消えていく！』、17年の『東京郊外の生存競争が始まった！』に次いで本書が3冊目である。14年の『日本の地価が3分の1になる！』も郊外に関わるテーマを扱ったので、ほぼ2、3年おきに首都圏郊外について、その都度のレポートをしていることになる。

その間、18年にちくま新書で『都心集中の真実』を書き、23区の人口データを区別ではなく町丁別に地図にする面白さに目覚めてしまい、それを首都圏全体の町丁に拡大してみたいと思ったのが、本書執筆のきっかけである。その結果は口絵に示した。時間と予算があればもっといろいろな地図がつくれるのだが、本書のテーマに即して最低限の地図を掲載している。

●男女の役割分業と都心―郊外の分業

１９７０年代から80年代にかけての大都市圏の郊外拡大は、都心で働き給料を稼いでくる仕事中毒の夫と、郊外の家で専業主婦をする妻を典型とする核家族の増加によって支えられていた。妻が夕食をつくり、風呂を沸かして待っているのだから、夫は長い労働時間と満員電車と、ついでにバスに揺られて都心から遠く離れたマイホームにボロぞうきんのようになって帰り着いても、なんとかなったのだ。

だが現代は、女性が高学歴化し、企業で働き続け、かつ結婚し、子どもができても働き続ける時代になった。だから、二人とも都心から遠い郊外に住むことは現実的に不可能になった。女性の労働時間が長ければ長いほど、あるいは都心のオフィスで働く正規雇用者であればあるほど、あるいは女性の収入が高ければ高いほど、夫婦は都心近くに住もうとするようになった。もちろん結婚していなくても、女性は男性よりも都心近くに住もうとしていることがデータから明らかである。

●専業主婦の多い郊外と働く女性の多い郊外

他方、すべての郊外が専業主婦の多いままであるわけでもない。

団塊世代が大量に流出していた1980年代の郊外の中でも、特に多摩丘陵の上に開発された東京西南部30km圏の郊外をパルコでは、比較的裕福なホワイトカラー層が住む「第四山の手」であると名付けた（「月刊アクロス」1986年5月号）。そして今回の町丁別データでも、第二山の手、第三山の手、第四山の手では明らかに今も専業主婦が多い地域であることが推測された。

他方、『アクロス』が「ニューダウンタウン多摩川」と名付けた多摩川沿いの一帯、JR南武線沿線では、その後めまぐるしい再開発が行われ、川崎市は全体として人口を増やし、勢いにおいて横浜をしのぐほどに成長した。

川崎駅周辺を軸として、横浜市臨海部から、武蔵小杉、溝の口、そして立川方面に至るまでが近年人口増加地帯となり、働く女性が多い地域になった。

また、働く女性たちは、三多摩でも埼玉でも千葉でも23区に隣接する郊外部に多く住んでおり、都心へのアクセスのよさと、地価の安さを両立させる地域を選んでいることがわかった。

●ライフスタイルの多様化と居住地選択の多様化

結婚していない（主に未婚の）働く女性は、都心から23区西南部に多く住み、さらに横浜中心部にも集まっているようであるが、同じ未婚正規雇用女性でも、親と同居するパラサイトシングルは田園都市線を好み、1人暮らしだと中央線や川崎・横浜の臨海部を好むなどの居住地選好の違いが見られた。

さらに非正規雇用の女性は、雇用先が多様で大量にある商業集積の大きな郊外を好むようである。

つまり、女性のライフスタイルの多くが、80年代なら卒業↓正社員↓結婚↓退社↓出産↓専業主婦↓パート主婦というパターンだったのが、今では、結婚退社の減少、非正規雇用の増加、晩婚化、晩産化、非婚化、女性の中の経済格差の拡大、あるいは価値観や趣味の多様化などにより、居住地の選択も多様化してきていると言えるのである。

●「ワーカブル」と「夜の娯楽」

こうなると、郊外に住むことをあえて選択するのは、昔ながらの男女役割分業を是とする専業主婦層、パート主婦層がやはり中心ということになる。

しかし子育ての環境を考えて、都心で生まれた子どもを連れて郊外に戻る夫婦も少なくないようであり、その中には都心に通勤する妻もいるし、郊外で都心並みにやりがいのある仕事をしたいと考える妻もたくさんいる。

彼らの生活ニーズに応えることが郊外のこれからの役割であり、生存競争に勝ち残るために必要であると言える。郊外に戻ってよかったと思えるような施策が打たれなければならない。

そうした施策のコンセプトを、本書の冒頭でも述べたように近年私は「ワーカブル」と「夜の娯楽」と「シェア」という言葉で示している。郊外が生き残ろうとするなら、郊外に住み、働くことが、楽しく、生産的であり、知的刺激もある、というような方向に自らを変えていかねばならない。

そもそも郊外は私有のための空間だった。マイホームを買い、マイカーを買い、核家族が消費の豊かさを味わうために郊外住宅地はあった（拙著『家族と幸福の戦後史』参照）。だが、社会全体が消費への関心を低下させ、むしろ人同士のつながりに力点を置き始めている「第四の消費社会」である現代では、郊外もまたシェア的な活動の場になっていくだろう。特に郊外ではこれから高齢化が急激に進むので、シェアはますます重要になる（拙著『日本人はこれから何を買うのか？』『下流老人と幸福老人』『中高年シングルが日本を動かす』参照）。

本書で紹介した川崎市や小金井市や調布市での活動の事例はまさに、単なる消費生活ではないシェア的な要素を含んだ活動である（他にも国立市の谷保地区で同様の活動を取材したが、本書では紹介する余裕がなかった）。

●東京北側と埼玉の可能性

そうした観点から見るとき、どうも私には23区内でも郊外でも、東京の北側、ＪＲ中央線から見て北のほうの地域により大きな可能性があるのではないかと思える。もちろんニュータウン多摩川にも可能性がある。

つまり、これまでの郊外についての固定観念からすると、高級感がないとか、普通すぎるとか、かつての工場地帯で街がごちゃごちゃしているとか、つまるところニュータウンらしい整然とした街並みがないとして評価が低かった地域に、むしろ可能性があるのではないかと思うのである。

そういう街のほうが、多様な文化や価値観や人種などへの寛容度が高く、新しい生活を生み出すことができると思うからである。私が、これからの郊外に「ワーカブル」であることと「夜の娯楽」の必要性を説くのは、ひとことで言えば郊外に「都市的」な要素を取り込むことが必要だと考えるからであるが、その「都市的」な要素とは、単に消費や娯楽がたくさんあるということではなくて、まさに多様な文化や価値観や人種などへの寛容度があることに他ならないからである。

＊　＊　＊

最後になったが、本書の編集にあたっては光文社新書編集部の高橋恒星さんのお世話になった。私は光文社新書とのおつきあいが長いので、５人目の担当者であり、彼はまだ20代半ばと若い。見てもらえば一目瞭然であるが、本書は、新書としては珍しいいろいろな工夫をしている。雑誌的なつくりになっていると言ってよい。

もともと私が雑誌好きで、20代で雑誌を編集していたせいでもあるが、雑誌というものがまさに都市的なもの、つまり多様な情報や価値観や意見をごちゃまぜにしながら相乗効果を上げて全体としての魅力を倍加させ、大胆な問題提起をするクリエイティブなメディアであると私は考えている。だからこそクリエイティブ・サバーブを提案する本書には雑誌的なつくりが似合っていると思う。そういう方針につきあってくれた高橋君に御礼を申し上げる。そういえば高橋君は千葉ニュータウン方面の出身だそうだ。きっとニュータウン的ではない本になっただろう。

２０２０年１月

著　者

三浦展（みうらあつし）

1958年新潟県生まれ。社会デザイン研究者。'82年一橋大学社会学部卒業。（株）パルコ入社。マーケティング情報誌「アクロス」編集室勤務。'86年同誌編集長。'90年三菱総合研究所入社。'99年カルチャースタディーズ研究所設立。消費社会、家族、若者、階層、都市、郊外などの研究を踏まえ、新しい時代を予測し、社会デザインを提案している。
著書に『下流社会』の他、本書との関連では『東京は郊外から消えていく！』『東京郊外の生存競争が始まった！』（以上、光文社新書）、『都心集中の真実』（ちくま新書）、『吉祥寺スタイル』（文藝春秋）、『第四の消費』（朝日新書）、『これからの日本のために「シェア」の話をしよう』（NHK出版）などがある。

首《しゅ》都《と》圏大《けんだい》予《よ》測《そく》　これから伸《の》びるのはクリエイティブ・サバーブだ！

2020年2月29日初版1刷発行

著　者 ── 三浦　展
発行者 ── 田邉浩司
装　幀 ── アラン・チャン
印刷所 ── 近代美術
製本所 ── ナショナル製本
発行所 ── 株式会社光文社
東京都文京区音羽1-16-6（〒112-8011）
https://www.kobunsha.com/
電　話 ── 編集部03（5395）8289　書籍販売部03（5395）8116
業務部03（5395）8125
メール ── sinsyo@kobunsha.com

　ISBN 978-4-334-04451-0

1037

宇宙は無限か有限か

松原隆彦

宇宙は無限に続いているのか、それとも有限に途切れているのか。「果て」はあるのかないのか。現代の科学では答えの出ていない〝未解決問題〟を、最新の宇宙論の成果を交えて考察。

978-4-334-04445-9

1038

バンクシー
アート・テロリスト

毛利嘉孝

21世紀のピカソ？ 詐欺師？ ビジネスマン？ 反体制のヒーロー？ いったい何者なのか？ 活動の全体像、文化的文脈とは？ 多くの謎に包まれたアーティストに迫る格好のガイドブック。

978-4-334-04446-6

1039

つつまし酒
懐と心にやさしい46の飲み方

パリッコ

人生は辛い。けれども、そんな日々にも「幸せ」は存在する。いつでもどこでも、美味しいお酒とつまみがあればいい。「飲酒」と「酒場」を愛するライターによる〝ほろ酔い〟幸福論。

978-4-334-04447-3

1040

美を見極める力
古美術に学ぶ

白洲信哉

いまブームの日本美術。西洋美術との大きな違いは、実際に使うことで「美」を育てていくところにある。目利きになるための最良の入門書にして「特異な美」の深みへといざなう一冊。

978-4-334-04449-7

1041

続・秘蔵カラー写真で味わう60年前の東京・日本

J・ウォーリー・ヒギンズ

もっと見たい！ の声に応え続編。蔵出しのプライベート・フィルムの傑作も加え、選りすぐりの544枚を惜しみなく公開。東京&全国各地の昭和30年代の人々と風景がカラーで蘇る。

978-4-334-04450-3

光文社新書

1042

東大医学部卒ママ医師が伝える
科学的に正しい子育て

森田麻里子

ママであり医師でもある著者が、医学論文約170本を徹底リサーチして生まれた、いま最も「使える」育児書。世界の最新研究を知るだけで、もう育児に迷わない！ 楽になる！

978-4-334-04452-7

1043

アルゲリッチとポリーニ
ショパン・コンクールが生んだ2人の「怪物」

本間ひろむ

「生きる伝説」2人はどんな人生を歩み、演奏スタイルを追求してきたのか。音楽的事象を軸に綴りながら、20世紀後半から現在までのクラシック音楽史を描き出す。【名盤紹介付き】

978-4-334-04453-4

1044

アイロニーはなぜ伝わるのか？

木原善彦

「言いたいことの逆」を言っているのに、なぜ相手に意図が伝わるのか？ 人間が操る修辞の、技術的な結晶であるアイロニーの可能性を、古今東西の文学を通じて探っていく。

978-4-334-04454-1

1045

21世紀落語史
すべては志ん朝の死から始まった

広瀬和生

「志ん朝の死」で幕を開けた21世紀の落語界。その現在に至るまでの出来事を、落語ファンとして客席に足を運び続けた立場から振り返り綴る。「激動の時代」を後世に伝える一冊。

978-4-334-04455-8

1046

中学の知識でオイラーの公式がわかる

鈴木貫太郎

天才の数式は最低限の知識で誰でもわかる。数学0点で再生2200万回超のユーチューバーが保証。動画もあるから迷わない。目指すのは丸暗記ではなく真の理解。予習ナシで今出発！

978-4-334-04456-5